EA
PC

东亚人文100丛书

东亚人文100丛书

东亚出版人会议 编选

精神史的考察

〔日〕藤田省三 著　　庄　娜 译

四川教育出版社
·成都·

四川省版权局著作权合同登记号：图进字 21-2012-120 号

Seishinshiteki Kousatsu

by FUJITA,Shouzou

Copyright © 1982,2003 FUJITA,Shouzou

All rights reserved.

Originally published in Japan by Heibonsha Limited,Publishers, Tokyo

Chinese (in simple character only) translation rights arranged with Heibonsha Limited, Publishers through Dai Kou Sha Inc.

图书在版编目（CIP）数据

精神史的考察/（日）藤田省三著. 一成都：四川教育出版社，2015.5

ISBN 978-7-5408-5803-2

Ⅰ.①精… Ⅱ.①藤… Ⅲ.①思想史-研究-日本-现代 Ⅳ.①B313.5

中国版本图书馆 CIP 数据核字（2015）第 043890 号

责任编辑　央　金
特约编辑　马健全／一石文化
装帧设计　陆智昌／一石文化
责任校对　史敏燕
责任印制　杨　军　陈　庆
出版发行　四川教育出版社
地　　址　成都市槐树街 2 号
邮政编码　610031
网　　址　www.chuanjiaoshe.com
印　　刷　四川福润印务有限责任公司
制　　作　四川胜翔数码印务设计有限公司
版　　次　2015 年 7 月第 1 版
印　　次　2015 年 7 月第 1 次印刷
成品规格　146mm×208mm
印　　张　7.5　插页　2
定　　价　29.00 元

如发现印装质量问题，请与本社调换。电话：(028) 86259359
营销电话：(028) 86259605　邮购电话：(028) 86259694
编辑部电话：(028) 86259381

《东亚人文 100 丛书》总序

安庆国

　　东亚是近现代世界历史发展的一个重要舞台。长期以来，由于地理、民族及历史等诸方面的原因，逐渐形成了如今以中国、日本、韩国，以及中国台湾和香港地区为主的东亚文化圈。在这里，东亚不仅仅是一个地理概念，更是一个文化概念。从地区文化的角度来看，东亚可以说是相对完整的一体，在长期的文化交流中，各国各地区在彼此独立又相互交融的状态下逐渐生发出相似的文化传统信仰。但随着社会的发展、世界全球化的推进，特别是进入近代后，因各地历史进程的差异，不同国家、不同民族又都发展出自身特点鲜明的政治、经济及文化模式，最终形成今天东亚地区纷繁复杂的局势。

　　从流传下来的各种文献及史料记载中我们可以看到，在过去，东亚地区的思想文化交流频密，各国在儒学、汉字、佛教思想等的影响下构建出各自独特的文化形态，而东亚地区的文明也跨越了历史及地域的范围,以其深厚的积淀、悠久的传统和超然的精神气质成为当时世界文明发展的重要推动力量。而进入近代以后,随着西方文明的日益繁荣,东亚文明受到极大冲击,特别是工业革命以后,在西方现代文化影响下,在很长一个时期,东亚各国在发展中都不同程度地以西方为模板,向西方学习,在全面现代化的同时不可避免地对自身古老的传统及文明进行着全方位的批判、改造甚或颠覆。而在此之间,东亚各国及地区间文化的交流也日益被割裂开来,以致日后渐行渐远,彼此之间渐渐成为"最熟悉的陌生人"。同根同源却又不甚相通,这无疑是当今东亚文化现实存在的一个问题,这也应当是当代东亚文化难以作为一个整体在世界范围内产生影响的重要原因之一。尽管东亚文明的整体性已大不如以往,但其同源性却仍然能让东亚各国、各地区人民对彼此的文化相互理解、相互欣赏。

虽然当代东亚问题的复杂性与特殊性是客观存在的现实,但作为有着共通文化的东亚,作为曾经联系紧密的区域文明,各国在充分珍视自身文明渊源基础上加强沟通、扩大交流、相互学习,最终建立一个相得益彰的文化共同体则是一件值得期待的事。因此,这种多元与统一并存的历史文化传统,业已成为 21 世纪的东亚出版人希望以图书为媒介、进行知识与信息交流的一个无法回避的时代背景。在此背景下,《东亚人文 100 丛书》应运而生,这是一项宏大的国际出版工程,是中、日、韩出版人会同学术界相关领域的专家学者,从近六十年来东亚各国及地区有重大影响、有真知灼见的人文社科著作中精选出来的,这些作品都有对各自地区的历史、文化、社会、艺术、思想等相关问题的深入思考及开创性的探索研究,都具有很高的学术价值。

《东亚人文100丛书》的选编不仅仅是中、日、韩及中国台湾和香港三国五地出版人及学者的一次简单合作，它更可看做是为东亚地区文化的进一步交流和发展所打造的一个平台。在现今以美国文化为代表的西方文化浪潮的席卷下，维护好东亚文化生态自身的整体性是非常必要的。因此，以经典书籍为基础、以共有的东方文化的内在精神为指引，努力重构一个"东亚读书共同体"无疑是丛书出版者共同的心愿，我们寄希望于以此来提升东亚各国、各地区人民对"东亚"这一"文化整体"的认同，消除彼此间的偏见与隔阂，重塑东亚文化在地区内自立、自主、自信的主体地位，实现东亚文化的进一步的交流与繁荣。

《东亚人文100丛书》的诞生要特别感谢东亚出版人会议，这是一个以促进东亚地区的出版与文化交流为目的的非盈利性质的民间组织，由来自中国大陆、日本、韩国以及中国台湾和香港的人文书籍出版人组成。东亚出版人会议于2004年7月发起，2005年秋在东京举办了首次会议。在此后的七年间，会议以半年为期，轮流在各个国家或地区举行，为东亚人文社科书籍的出版与文化交流、为推动"东亚读书共同体"的实现做着坚实的努力。

有人说，通向未来最便捷的途径就是回顾过去。从这100部最值得东亚人民分享的人文社科著作中，我们可以了解东亚思想文化的渊源与流变，跨越时间与空间的距离，洞悉各国彼此邻近却又相互隔膜的现代化心路历程。作为出版人，我们不甘心自己的书籍仅仅作为其他产业的一种附属，如一般消费品般地存在，在这以市场化及经济效益为主导的时代，我们有义务为人文学科的生存与发展坚守一片蓝天，为社会及历史的变革保留一份认真的思考、一种诚实的声音，只有当真正的人文精神融入这个社会时，我们的世界和未来才会有更多的希望。

《精神史的考察》导读

　　本书收录了作者于 20 世纪 70 年代发表的数篇批判性文章与论文，是作者作为战后日本批判性知性之代表的一部最好的论集。从古代末期直至现代，本书的篇章将各个历史转换期的时代经验作为精神史的问题来挖掘，为批判现代日本社会的知识颓废状况提供了基本的视角。因此，本书形式上虽然是论文集，却又是一部在一贯的指导思想下完成的作品。

　　在本书的第一篇文章《某种关于"丧失"的经验——捉迷藏的精神史》中，作者从孩子们在路上玩的"游戏"和"童话传说"讲起，从这些在现代已日渐丧失的细微经验中发掘其中包含的人类史的意义，并以此为线索，对扭曲了想象力、把理性吸收殆尽、被物质文化所掩埋的社会作出了尖锐批判，并借助本雅明和布莱希特的思考，提出要将"经验"中多义的相互主体性与批判理性重新结合起来。《历史剧的诞生》则解读了伴随古代天皇制国家的解体而登场的中世叙事诗故事的意义。《对吉田松阴的精神史意义的考察》一文一改以往形成的对吉田松阴的印象，将松阴的朴素与愚直置于幕藩体制崩溃的整体"状况化"过程中，淋漓尽致地描写了其喜剧与悲剧。《历史变质的时代》以对福泽谕吉"立国是私事，非公事也"一句的巧妙解读为轴心，分析了维新改革之精神已大大变质的明治中期的思想状况。本书收录了作者在思想史和精神史领域的代表作，其文本解读之锐利、分析论证之确切、思考之强韧，充满了难以超越的知性冲击力。

龙泽武　撰　庄娜　译

目　录

某种关于"丧失"的经验

——捉迷藏的精神史

前　言

　　孩子们在巷子里捉迷藏的身影已是许久未见了。大概得有十五年以上了吧。这当然也是由于时代在变，游戏的种类体系也在发生变化，但原因还不仅在于此，汽车开进居民生活的巷子里如入无人之境一般地肆意疾驰，恐怕是捉迷藏不见了的一个很大的原因。汽车任意地侵入了人们的生活空间，这种事态典型地体现了现代日本的时代变化的方向和形式，而这种变化的结果，就是游戏的体系也发生了根本性的变化，使得在路上捉迷藏的情景最终从人们的视野里消失不见。

当然，这里的路与"畿内七道"① 那样的"道"指的可是完全不同的事物。如果是国家制度层面上的"公共道路"或是今天所说的"高速公路"的话，那不管在其上通行的是马车、牛车，是卡车、轿车，还是高官显贵的豪华车队，如果没有了空气的污染和噪音的传播，恐怕都不会直接为我们所知。但是巷子就不同了。巷子是以家门口为界、与家的内部直接相连的亲密的外部世界，是人们出于多种目的而使用的共同空间。说它是公共空间，并不是说它是如同政府机关那样的公共场所，而是说我们在这个空间里产生着相互的关系，因此才称它为公共空间。然而正是在这些巷子里，汽车飞驰就如同行驶在"公共道路"上一样，这就是我们今天的社会现状。也是托这些汽车的福，在巷子里终于再也看不到捉迷藏了。

日本是一个在全世界极力销售汽车以积累财富的国家，因此国内也是汽车遍地，这似乎也实属无奈。然而，日本的"销售大战"内部包含了怎样荒谬的成分，在日常生活中多少也可窥见一二，因此要说日本在全世界展开的销售大战是多么有品位的公平竞争行为，终究难以使人相信。既然是靠激烈的销售大战来积累财富的国家，因之要蒙受上天相当程度的惩罚，也是无可奈何的事。但即便是从有得也就有失的费用法则来看，"新重商主义"疯狂的财富积累所要付出的牺牲也必定是巨大的，因发展"增长型经济"而导致的丧失，在社会的各个领域已经相当严重。如果对于丧失没有清醒的认识，只是将眼光置

---

① 畿内七道，是东海道、东山道、北陆道、山阴道、山阳道、南海道、西海道的总称。——译者注

于所赚资金的数目增减上，钱也许会赚得大大超出所需，但付出的代价可能就会是关于生存方式的价值以及标准的丧失，以至于人们都开始忘却经济生活本是为了何种目的，这就是新重商主义的虚无主义。而一个从精神上已经丧失了对生存价值的追问的社会状态，从完整的意义上来说已难以再称之为社会，因为它已不再是一个具备一定模式的生活组织体，这毋宁说是社会的解体状态。往往就是在这种时候，端着一幅从社会外部 "为生活赋予目标" 的姿态、打着 "为了国家" 的旗号的以假乱真的 "价值" 开始大行其道。如果真是这样，社会的再生就会变得尤为艰难。因为国家是机械性的装置，"为了国家而生活" 仅仅意味着生活变成机械性装置的末梢机构，生活组织与生活方式的独立性在这里将丧失无遗。

如果说在这种无视丧失的经验、一味坚持走新重商主义道路的态度中仍潜藏着某种通向不同道路的可能性的话，那无论如何要做的一件事，就是要从根本上认识到我们今天所丧失的到底是什么。曾几何时，在巷子里随处可见的捉迷藏游戏在不知不觉中消失不见，也是今天的丧失经验的一个小小案例。然而，这一案例虽小，其中所包含的社会精神的辐射之广却不可小觑。

一

曾经在捉迷藏游戏中当过寻人者的人，恐怕谁也忘不了当数完几十个数、睁开眼睛转身开始寻找同伴时，眼前突然出现与短短数十秒之前完全不同的一个空荡荡的世界时的经验。虽然早就知道，这个游戏的规则就是要参加游戏的其他伙伴全都藏起来，但在人影皆无的一片空旷之中，仍然会在一瞬间产生自己突然被孤零零地抛弃在这个世界的感觉。虽然有大人从旁边经过，但他们是这个世界之外的存在，与路边的石子和木片一样都不能算是这个社会中的人。映入眼帘的只有社会已经消失不见、不断延伸着的一片空白。而从刚睁开眼时的暗翳到明亮世界的急速转换，也进一步增强了这突然出现的空白感。

捉迷藏是这样的一种游戏，它会使人在欢呼雀跃、热闹欢快的活动中，从深处模糊而又真切地感受到一种突然袭来的孤独、一种置身于沙漠中的经验、象征了社会突然变异的时间急转的冲击等一系列深刻的经验。也就是说，捉迷藏是将这一系列深刻的经验像抽象画一样单纯化，将其中细微芜杂的事情和感受全部剔除，简约成像原始的模型玩具一样，并将其植入自身内部的一种游戏。通过这种游戏的反复进行，作为游戏者的孩子们会在不经意间在心底逐渐形成这一系列基本经验的土壤。但这绝不是经验本身，而只是经验的微缩模型，孩子们无疑是通过这个玩具般的模型，从而在游戏当中接受了作为原物的经验的某种形状和特质。

在游戏中积累的这一经验，其核心部分所反映的"实物"到底是什么呢？也就是说，捉迷藏的主题是什么呢？借用窪田富男翻译的姜尼·罗大里（Gianni Rodari）① 的观点明确地说，在这一游戏经验的核心部分所刻下的正是一种"迷途者的经验"，是孤身一人被隔离的

---

① 姜尼·罗大里（1920—1980），意大利著名儿童文学作家，代表作有《洋葱头历险记》等。——译者注

孤独的经验,是被判处了被驱逐出社会的流刑的经验,是只剩自己一人时彷徨无措的经验,是面向荒凉的、无边无际地延伸至远方直至没有人迹的 "森林" 和 "海洋",无从辨别方向、但仍因某种目的不得不迈步前行的旅行的经验。这样一来,被流放的彷徨之旅在闭上眼之后不久、或在某天早晨醒来之后可能就会到来——这种远远超出日常生活的想象就在捉迷藏游戏者的心里落下了影子。这甚至暗示了某种可以通向卡夫卡世界的经验的可能。

童话故事 "大拇指汤姆" [①] 的世界与 "捉迷藏" 的世界具有完全相同的主题。不同之处仅仅在于:一个是用语言讲述、用耳朵接听(或是阅读),而另一个则是与同伴一起用身体来行动;一个主要以家庭内部为活动场所,另一个则以外部的行动世界为活动场所;一个需要一个讲故事的人——多数情况下是个老人,而另一个则只需要同龄的伙伴组成的团体。两者不过是以完全不同的形式在表达同样的主题。作为游戏的 "捉迷藏" 将听来的 "童话故事" 做了短剧一样的改编,它是通过身体的行为以团体的方式重新讲述的 "童话故事",是以游戏的形式演出的 "童话故事" 的实践版。正是因为这种 "小短剧" 不需要任何的舞台布置、服装、化妆和道具,甚至不需要台词,才会表现出与 "童话故事" 的实践版之名相符的虚构的想象力("现代演剧" 就是对模仿童话故事的捉迷藏的再次模仿吧)。

---

① 格林童话里的一个故事。故事大意是一个樵夫与他的妻子一直希望有个孩子,后来他们终于生了一个拇指那样大的儿子,起名叫大拇指汤姆,再后来汤姆因精明能干被人买走,他历尽各种危险,最终平安回家。——译者注

但是，在捉迷藏游戏中模型化了的一系列深刻的经验，并非是由现实世界的经验复制而来。它既非"实物"亦非"原物"，而是对在"童话故事"的固有构图中被讲述和升华了的经验的摹写。在这里我们可以回想起那"孤独的森林之旅""被流放的彷徨"以及在某种"沉睡"之后发生的"异变"以及"异世界的事情"，想起对孩子讲述的各种各样的"童话故事"与"传说"。虽然，经过上述的"考验"与"死而复生"，达到某种超出日常生活预想的结局（结婚）并因之重返社会的这类故事绝不仅限于唯一的表现形式，但在孩子的世界中展开这一主题的，只有"童话故事"这一种。

然而捉迷藏和童话故事对这一主题的处理方式却绝对地缺乏重量感。虽然处理的主题是刚才列举的一系列基本经验，但缺乏从这些深刻经验的质料中得来的重压感。这一方面是由于童话使用一种固有的模式——排除一切繁杂的细密描写、简洁明快地描绘出一个构图（不是"构造"，而是"构图"）——消解了经验的重量，仅将其中的精华如同血清一样抽取出来；另一方面，也是由于以这些童话故事为蓝本的短剧彻底排除了对语言的使用，从而如同玩具一样的简略的即物性。经验从具有黏着性的个性中被解放出来。就这样，在童话中作为主题讲述的经验在短剧中进一步摆脱了沉闷和压抑，成为一种精华，在不知不觉中像血清一样被注入孩子们的身心深处并蓄积起来。应对未来可能会来临的经验的土壤就这样在未引起抗体反应的情况下形成了。

这样一来，在家门外捉迷藏这件事具有怎样的意义，就多少有些清楚了。在家中听到的童话故事的主题（或是在屋里读到的童话故事的主题），被改编到捉迷藏游戏当中，并通过游戏的进行打通了 "听"（或 "读"）和 "演" 这两个不同层面的通道，被接纳进入了身心的最深处。于是在听故事的时候感受到的音调和韵律以及在阅读时自然产生的知性的想象，与在改编为无言短剧后身体感官上的知觉融为一体，主题也得到了系统性的消化。

经验既不仅仅是大脑产生的，也不仅仅是身体产生的，可以说只要涉及的是身心整体参与的活动，如果不具备身心一体的土壤，就没有经验产生的余地。如果没有这样的条件，即便是在本可以形成经验的情况下，也只能成为一次性的冲击体验。对于童话故事与捉迷藏、话语与游戏的系统性对应失去的状态视若不见，就等于助长了经验的消灭。

二

童话故事和捉迷藏的世界所反映的，是除去了肉体臭味的经验之 "精粹"，是从质料中解放出来的经验之 "形相"。这些作品被纯化到如此程度之后，逐渐具备了遍及世界的广泛度和大众性。到底是谁创造了这样的作品？"有作品的地方就有作者"，这是分工制度下进行个性竞争的社会的一般看法，但这些童话故事及其游戏性的实践版却具有任何 "世界文学" 作者都无法企及的世界性。不仅如此，其纯化程度之高超越了任何专业作家的凝练力，其改编之精妙也超越了任何个人作家的改编能力。

童话故事和捉迷藏的作者到底是谁呢？既可以说是 "历史"，也可以说是"社会"。但是，如果要像年表和时刻表一样确定它的起源，就会发现它与历史的起源一起消失在深不可测的时间之渊中；如果要向某一特定的社会寻求它的发源地，就会发现它漫无边际地扩散至所及的任何地方。也就是说，它在人类社会的历史中具有如同空气一样的普遍性，它有创造它的"作者"，在各个地区中有独特的道具和动作，而且在同一构图下表现同一主题，这就是童话故事和游戏的世界。

但普遍存在的神有时也会以具体的形象现身于社会现象之中，普遍存在于人类社会历史中的童话故事的"作者"，有时也会以具体的社会仪式的形式，在所有的社会中、在漫长的历史过程中反复出现。被叫作成年礼的社会仪式就是一个例子。当然，"作者"并不会在其中现出全貌，但其核心的部分会在这一仪式中首先出现，从包括了V. Propp① 的卓越分析在内的先行研究来看，这一分析也是大致不错的。

很多地方都可以找到支撑这一判断的依据。比如，从形态上来看，童话故事与捉迷藏都有着明确而且固定的轮廓和模式，一方面是由于常年的口口相传逐渐形成了固定的模式，是一种自然的结晶作用；另一方面，历史上反复出现的社会仪式中存在的"对仪式形式的尊重"恐怕也对童话故事和捉迷藏游戏产生了影响。举个例子来说，

---

　　① 　Vladimir Propp（1895～1970），俄罗斯研究民间故事的专家，将结构分析运用于对民间故事的研究。分析故事中有何种人物、人物有何种行为、在故事中承担何种功能，并做出详细分类。代表作《民间故事的形态学》曾被译为多国文字。——译者注

三位公主被逐一救出的童话故事中，完全相同的解救过程被以同样的口吻重复讲述了三遍。当然，这种反复的"造势"在故事中积蓄了向下一个情节转换的潜在的力量，但就像野村泫译介到日本的 Max Lüthi 慧眼指出的那样，其中明确地存在着与"宗教仪式"同样性质的方法。读经、祝词和颂歌中也存在着类似的推进方式，这一点我们早已熟知。

于是，无论是在形态上还是故事的推进方式上，都可以在童话故事中发现"祭仪"式习俗的烙印。但是，这两者之间有着很大的差别，为什么能够说给童话故事赋予了形式化烙印的"祭仪"式习俗是像成人礼这样的人生仪式呢？简单来说，确切的答案就在于主题。大多数童话故事的主题都是年轻人在经历了各种带有比喻意味的死亡之后重获新生，从而获得了与之前有质的不同的全新社会形态，作为这一点的象征，故事里往往要讲到结婚和王位的获得等等。在上一节中我们讲过，独自一人的旅行以及生死攸关的灾厄等一系列深刻的体验，都象征着死亡，表现了重生过程中所经受的考验。无疑地，在这一主题中，作为人生仪式的成年礼所意味的世界虽然经过了各种变形，但是核心的部分还是在其中得到了复制。透过几层过滤装置后如同投影一样地显示出来的，仅是那核心的部分。

那么成人礼原本是什么样子呢？又有什么样的结构性的核心呢？想象一下即可明白，脱离了接受保护的幼少期，转变为一个享受成年人应有的权利同时也承担应有义务的社会成员，这是人生当中的重大飞跃。与稳步的前进不同，在飞跃时导致的不安、期待以及决断的需要等等，在这个重大转变过程里都会出现。但还不仅限于此。个体从幼年向成人的转变如果从社会一方来看，代表着新成员的加入和旧成员的退出，意味着社会构成的更新。而这是与老人的隐居①相关联的社会大事件。就这样，成人礼不仅是个体的转变，也意味着家长的变更，同时还是社会整体的更新，三重更新相互交错，因而包含了极为重大的意义。没有新的成人的活跃，家的秩序与社会的结构就不会有更新，而没有社会结构的变更，新的成人的诞生也就无法实现。家长的更换不出现，候补成人就无法成为拥有正式市民权的社会成员，老人的隐居也就不可能出现。也就是说社会的结构就不可能更新。与今天仅成为一个节日的"成人节"② 不同，以前的成人礼是担负着社会整体根本性再生产的重大事情。

而代表性地体现社会结构更新是酋长、栋梁或简要地说即社会首领的更新。所以典型的成人礼在核心部分就难免包含了首领的成人礼——即位仪式。

既然首领的即位仪式象征了社会自身的更新，那么这一典型的成人仪式就难免与社会的生产基础的更新相连动。于是收获时的祭典与新生产过程开始时的祭典就与这一成人仪式挂起钩来。同时，这也是象征着年头更新的季节祭典，甚至社会与自然宇宙的关系也发生了

---

① 此处所指的隐居，是日本中世之后直到战败的一种社会习俗和法制。指户主出于自己的意志将户主权让给新的继承人，自己退隐。退隐之后不像中国传统家庭那样仍以老一辈人的身份继续具备权威，而是要服从新的户主。——译者注

② 日本的法定节假日之一，从 2000 年起每年 1 月份的第二个星期一为成人节。在日本满 20 岁被视为成人，20 岁的青年会在这一天庆祝自己转变为成年人。——译者注

更新。

于是，从个人的新生到家族的再生、社会与政治秩序的更新，再到生产过程的分期、与自然世界的关系的更新，成人礼的意义牵涉如此之广，无异于社会整体的大规模转变。如果从成人礼所包含的意义中可以引发如此广泛而且深刻的连动，那么从中产生对社会最为重要的各种仪式也就是必然的了。如果仅作为社会的客观结构来看，那这种更新的实质不过只是人和年头的一种单纯的变迁而已，但对生活于其间的人们而言，社会中的人与年月的变迁正可谓是 "斗转星移、物是人非"，难免会生出一种未必尽是悲怆基调的 "隔世之感"，对盛大 "来世" 的期待与对安宁 "前世" 的回忆等等在此时也一并喷涌而出。带着这样的一些感情，社会的前途就在所有的方面被 "预祝" 和 "祈愿" 了。

于是在成人礼的周围就凝聚了社会的信仰、集中了社会的技能和艺能，同时，祈愿、占卜、对过去的谈论和回顾也都在这一时间和地点竞相展开。因为社会的更新在象征的世界里意味着 "新世界的开始"，故而表现人类以及世界起源的诸神参演的戏剧——神话开始流传。各种呼唤此世的再生与大地复活的艺能也得以展开。在与这些文艺的关联之下，首领以及新成员的诞生仪式在不断地举行。

但这种诞生并不同于新生儿的诞生，它不是从无中降生的。前面已重复提到，这种诞生指的是社会身份的新生。既然是新生，当然不得不经历之前身份的死亡。只要是一种社会性存在形式的死亡，就是比喻性质的死，这前面已经提到过。而既然是比喻，就可以用许多种形式来表现。或是以 "睡眠"、或是以 "闭门不出"、或是通过 "去向不明"来象征主人公去了"另一个世界"。但"另一个世界"的旅行并不是通常的旅行，它潜藏了许多这个世界所没有的事件。所以才不得不演出表现异变、灾厄和苦难的充满戏剧性的作品。

所以，向成年期的转变并不是单纯根据年龄所作的时期划分，也不是单纯的发展心理学上向下一个成长阶段的移动，而是作为往复运动于此世界与另一个世界的规模壮大的"世界的转换"来划分的。经历这样的世界转换，正是在获得市民权的过程中不得不经受的考验。如果是用具有象征意义的仪式来表现这种世界的转换和所经受的考验，那就必然会有许多充满戏剧性的故事出现。在面对生死攸关的考验时，或是如超人一般神通广大最终度过难关的英雄的故事，或是从小动物、妖精或小矮人那里得到意想不到的援手的故事，或是围绕着婚姻展开的滑稽剧般的故事等等，在象征着世界转换的成人礼举行的时候，这各种各样的故事和戏剧性创作就大量地出现。这就是童话故事和捉迷藏的遥远的原型。历史在经过了多次的改版和脱胎换骨的同时还是留下了某种始源的形式。那也许就是超越了一时变化的"存在"。

<h1 style="text-align:center">三</h1>

对成人礼的解释在絮絮之间竟渐成颇具体系之说明，我本人亦感到些许意外。要按我原先的设想，说明时应该用更加直白的片段，使其更具有跳跃性，以便抄近路直达目的地，否则就依然离我理想的情形相距甚远。然而，前面已经这样进行下来，后面也只好按此节奏继

续推进了。要言之，在童话故事遥远的背后存在着的是成人礼的社会史经验，从神话传说、英雄故事到动物怪谭、滑稽剧等，这些有固定模式的故事的结构性内核，无不包含在这一经验之中。

当从这些结构性的内核中褪去神话故事的神圣性、剔除英雄故事的悲壮性、洗去 "夜潜香闺" 类故事的喜剧搞笑性时，童话的世界才终于从中浮现出来。曾有先学敏锐地指出 "童话是神话的衰落形态"，所指的就是这一层意思。但童话故事不仅摆脱了神话世界的神圣性，同时也远离了不拘礼节的放浪形骸。世界至少是需要两极的，神圣仪式的世界是其中一极，而使其作为一个结构性世界得以成立的另一极，就是与神圣性相对立的 "直会"① 和 "宴飨"。从这两极中脱离出来之后，童话才最终完成了从神话世界的结构性脱离，也只有经过这一脱离之后，童话才得以产生。

如今出现在童话故事中的人物虽然依然是能够创造奇迹的人，但他们身上已不再附着上一股神圣威严之气。这绝不是说因此他们就带有一副与衰落的神话形态相匹配的 "神仙落魄" 之相。童话故事里的人物既非神圣威严的天照大神②，亦非潦倒困苦的饿死鬼。这些人物

---

① 直会，指祭祀完以后，参加祭祀的人一起享用献给神的祭品，祭品供奉过之后，就算是神已享用过，人吃这些神享用后的祭品被认为可以增加与神的联系、分享神的力量，得到类似佛教里所说的加持。——译者注
② 天照大神是日本神话中至高无上的神——太阳神。日本国以及日本民族被认为都是天照大神所创造。——译者注

中存在着如同剪纸画①一般的透明性，既不带有神灵的权威，也与没落偶像的凄惨无缘。此外，出现在童话故事中的滑稽搞笑角色，在外貌上并不会带有傻瓜特有的引人发笑的表情；而故事里的邪恶角色也不会被刻意塑造成在视觉上拥有一副惹人厌的坏人相。童话故事并不赋予人物以特意设计的"表情"，而是仅仅通过带有固定模式的行动的组合，形成一个清晰的构图，来表达故事所要表达的道理。也可以说，既缺乏"表情"又缺少"性格"的木偶的动作形成了童话的构图。

　　如果没有从仪式世界的结构中脱离出来，童话的这种特点就不会产生。仪式总是要强调神圣性的实在，虽然祭祀酒神的仪式充满了狂欢和喧闹，但它找了另外一个出口，将仪式世界里的非日常性实在加大力度表现出来；而与之相对，童话故事的世界则不包含任何对实在性予以强调的手段。在童话故事里，并没有"极力强调"因素的用武之地。童话故事不喜欢"孔武有力"，即便是在制伏鬼怪的情节里，也不绘声绘色地描述力量的实际存在；哪怕是在奇迹般获救的情节里，也不向孩子们宣教神灵的威力。童话故事的宝贵之处，恰恰就在于不执着于"实在性"以及这种对于"力量"的否定。由于否定了力量的作用，童话才能如随风飘动的气球一样具备了自由移动的能力，并最终从被神圣禁忌束缚的仪式世界中脱离出来，自由出入于炉边床

---

　　①　一种利用剪纸来作画的方法。先画出图画的轮廓，覆盖在一张黑纸上，将多余部分剪去后，再将形成的黑色镂空剪纸贴在白纸上，形成一幅黑白分明的图画。以彩纸为背景的话，亦可以形成彩色图画。——译者注

头、村头巷尾或街道胡同，不受时间和场所的限制，被不停地讲述或上演。

于是，童话故事从带有神话色彩的仪式世界中结构性地脱离出来，而这种脱离其实又是两个层面的重叠。不管仪式性如何地扩张至社会的各个领域，也依然存在着游离于"公共的"祭仪场域之外的、世俗性的、日常的场域，在这些场域里，对祭仪主题的模仿（paro-dy）就以"说话"或是动作的形式被重复进行着。这种在祭仪性社会内部的世俗场域里存在着的脱离倾向在经过长时期的累积之后，再与另一个层面的脱离——祭仪世界本身因社会史的变化而发生的某种程度的"世俗化"相重叠，最终使童话故事所显示的"结构性脱离"充分地成熟。对于这两个层面，本来应该予以同时处理，但为了在与其他的"世俗化"倾向相对比的过程中凸显童话世界脱离的特质，出于方便的考虑，此处将这两种脱离笼统地作为一个社会史的过程来对待。

如果是把童话故事中所见的从神话性体系中的结构性脱离看作社会史上某种"世俗化"过程的体现，那么它在仪式性的世界里自然也会带来一些变化。在神话性世界的结构发生解体的过程中，在童话世界之外，还出现了讲究繁文缛节的"典制"世界，作为与童话世界相对的另一极而出现。原本，神话的魅力性、英雄故事的戏剧性以及宴飨的喜剧性等以难分难解的形式融合在一起，形成了充实的统合体。但现在这个统合体终于分解，一方面，它变成了故事主题凝缩为"玩具"规模的童话故事从这一统合体当中自由地脱离出来；另一方面，这一统合体在发生了实质性的解体之后，外观上的形式仍然得以延续。于是，以拥有盛大的体系为目标的"仪式设置"本身逐渐获得了独立性，作为"典制"的体系确立下来。它是已经解体了的神话性构造体的形骸，而正因为是形骸，它才得以离开原来的祭仪场域四处横行，并在所到之处随处搜集可以为其增添血肉的材料。但是，"典制"的任意横行在它的一切所及之处都为其增加了繁杂细碎的手续性规则，与童话故事相反，它使人与社会的精神陷入不自由。这意味着世俗化了的礼仪的机构性合理化。

于是，古典的成人仪式作为一个含有故事群、社会性统合起来的构造体，它的分解和解体一方面析出精华，产生了童话的世界，另一方面则保留了繁杂琐细的形骸，形成了典制的体系。后者动辄抬出古制先例，试图在所有的场所建立统制，前者则出入于一切场所，描绘着一个不受时间与地点限制的、不以"力量"论胜负的世界。一方是成人世界里老江湖所使用的手法，另一方则是主要由老人和成人前的孩童构成的"世外之民"的作为。当然，在这两极中间还可以分离出散文这种批评的形式，但对此的涉及将偏离此刻的课题。古典的构造体在解体的过程中，出现了许多分散的、但具有某种对立性的多极世界，体现了其中一极的——而且是最具想象力一极的——正是童话的出现，我们只要清楚这一点就足够了。

从以往的古典仪式的构造体当中，童话选取了在古典仪式中作为核心主题而存在的一系列经验，并把它作为自己的主题。童话放弃了"对实在性的着力强调"，找到了以非实在的方式表现这种经验的方法。从中也产生了这种讲故事的说法，即"虽然我们不知道是不是真的发生过，但你要当成真正发生过的事来听"。童话故事以非实在的形式讲述实际存在的经验，从而具备了卓越的艺术性、教育力和培养力。前面曾经讲过，童话和捉迷藏的世界不是培育经验本身，而是培育产生经验的土壤，这种说法正是从不同角度对同一问题的阐释。"是不是真的发生过"中存在着一股不经意的、游戏性的空想性，而"当成真正发生过的事来听"则存在着某种规范性，当这两者相结合的时候，规范变成了不带任何强制性的远处传来的声音，而空想则将经过自由地虚构夸张后的这一声音的指示作为身边事的经验教训来描绘。这样，精神就养成了对超现实的根本性事实的感受能力。

四

童话世界的产生过程中包含了上两节里提到的社会史的经验，那就是成人礼的古典时代以及成人礼在社会史中的解体。童话的形成不但经历了这一特定的历史过程，并且还克服了历史的一次性，以超历史或非历史的方式被持续讲述着，在经历了这一令人惊叹的过程之后，童话的世界终于结晶而成。正是这样一种"历史"与"超历史"的共同存在，才不愧于被称作人类的经验。几乎所有的社会都参与了童话的形成，而其中那无数的讲述者可能都有过这样的经验：原本各自使用的个性化语言，在童话经无数人之口流传下来的过程中逐渐失去了形式，消融在一起，这消融之后的语言又在超越了时间限制的关系中被充分地相互吸收。在其中可以见到一种相互的主体性，而这正是将童话作为一个专门的世界创造出来的人类历史运动的核心。

经验虽然只是属于个人层面的东西，但同时它也是人与物（或是事态）之间形成的一种相互作用的关系。只要我们有过对某一事物施加作用的经历，哪怕那是极其微不足道的事物，就都会明白这一点。在与事物接触之前，我们脑中往往会有一些恣意的想象，但当我们一旦与真实的事物相遇的时候，它的材质、它的外形，都会对我们之前抱有的先入之见形成冲撞，或是对我们的想象形成抗拒，于是一种相互的作用便开始产生。而相互作用的结果，就是在人与物之间形成某种确定的关系，至此就是一个经验的完成。对一个物体来说尚且如此，面对更加复杂的状况时，人与状况间就更不可能不是相互作用的关系了。它既包含了人与状况之间的复杂关系，也包含了状况内部的纠葛，这一过程导致个人的先入之见发生变化，最终形成某种统合性的关系。这种相互主体性的交涉过程，就是经验的内部构造。在这个过程中，即使每个人的发明及独具特征的表达方式没怎么遭到抗拒就被接受，但在接受的过程中，也难免要经历个性形态的变形和溶解。经过这个过程之后，统合体的构成要素就是摆脱了对外在形式依赖之后的实质性的内容，社会性的经验就是这样形成的。其中，每个人的表达要经历外在形式的变化、内容的更新以及作为结果出现的新形式的诞生。

　　经验，尤其是社会性的经验就是这样一种东西。既然如此，那么童话世界作为人类历史上的一种经验，是怎样一种主体间相互作用的东西，就自不待言了。当这种相互的主体性在童话的生产过程中作为不言自明的东西发挥作用的时候，作品中相互主体性的关系自然就被组织起来，形成具有象征意义的框架。童话里"牧羊女与扫烟囱的小伙子""王子与公主"两个对立极点之间的相互转换和相互作用就是一个例子。

在这里，让我们再一次联想起捉迷藏的经验。"迷路的孩子""独剩自己一人时的彷徨无助"以及"被判处从社会中放逐出去的流刑"，朦胧地感受到这些经验的，实际上并不仅仅是捉迷藏游戏里的找人者。身负躲藏任务的人为了遵循游戏的规则也会努力不被找人者找到，结果有时就不免会由于藏得过于成功而迟迟不能被发现。这种时候，一种仅剩下自己一人的不安感就会越来越强烈，当想到如果游戏不结束，自己就永远回不到伙伴们中间时，甚至会感到害怕，这种感受会越来越强烈并最终变得难以忍受。在游戏开始时找人者凑过去闭眼数数的那根柱子就是终点，躲藏者如果能够摸回那根柱子而不被发现，下一次就仍可以免于做找人者，捉迷藏游戏之所以制定这样的规则，恐怕就是为了使游戏免于因为躲藏者藏得过于成功而产生的寂寞空虚。那根"柱子"就象征着"社会的中心"（这里仍然存在着神话的痕迹），但这并不是我们此刻的问题。为了解决藏得过于成功的问题而制定的这项规则，从游戏自身的立场来看，是为了免于游戏变得松弛和无聊，而从反复充当躲藏者的人的立场来看，则是把自己从无法返回同伴社会的孤独状态中解救出来的方法。

捉迷藏游戏中的"藏匿"这一技巧，是远离社会、在人迹未至的封闭场所"离群索居"经验的一种微缩形态，它也以一种比喻的方式与"幽闭""沉睡"以及社会形态中的"死亡"相连接。总之，它象征着从社会中被暂时隔离起来的一种状态。捉迷藏游戏里的找人者孤独地彷徨于空旷的荒野中，而与此同时，躲藏者则蜷缩在狭小的"洞穴"中，两者之间在形态上极具对极性，才由此成就了游戏的竞夺性。但是无论就哪一方而言，潜藏于其中的经验都有个共同的核心，那就是被隔离在社会之外、被同伴所孤立、作为日常社会成员的"死亡"。于是，找人者通过找出躲藏者而重获市民权，得以重回伙伴中间，而躲藏者则通过被找人者发现、即通过遭遇（不管是妖精、动物还是神仙，反正都是这个世界中所没有的）鬼怪①而得以重返社会。

于是，通过一个小小的捉迷藏游戏，参与者无论是寻找的一方还是躲藏的一方，在本人没有意识的情况下，都亲身体验了社会丧失的危机，并在此过程中双方都相互经历了恢复与再生的大起大落。（找人者）胜过对方，不仅是对自己的拯救，也是对对方的拯救，而（躲藏者）败给对方，不仅是对方的胜利，同时也是自己的社会性胜利。在这种相互性的世界里，在胜负间二者择一的一元化取舍被完美地解构了，这可以使我们产生何种联想呢？

五

人类历史的经验所产生的集合的想象力，竟能在一介游戏之中，超越了胜负的一元性，创造出"既对抗又相互营救的统合"来。这种胜利并不意味着支配、权威和名誉，失败也不意味着悲惨、屈辱和被

---

① 捉迷藏游戏里负责找人的人，在日语里叫作"鬼"，本文一般都译为"找人者"。但此处原文中的"鬼"除了捉迷藏游戏中的"找人者"这一具体的含义之外，还有更广泛的含义，结合上文来看，它在一个层面上包括了童话故事里的主人公与神仙、鬼怪、小动物等的遭遇；另一个层面，则是指抽象的意义，即遭遇各种人生磨难，故此处将其译为"鬼怪"。——译者注

怜悯的状态，在 20 世纪竞相在武器装备上争夺绝对优势、以求对对方斩尽杀绝、倾举国之力投入战争的世界里，能够与什么样的精神相连接呢？也许多少有些唐突，在此我想举一个例子，是发表于 1930 年的布莱希特诗作中的一节。

> 放弃你的部署吧！
> 胜利是打了胜仗，
> 失败亦是打了胜仗。
> 所以，赶快放弃你的部署吧！

> 再次沉降到深处，胜利者啊！
> 你听在那战斗发生的地方，发出了欢呼声。
> 但是，不要再在那里停留了！
> 你要在那发出失败的高呼声的地方，在那深渊之中，
> 等待叫喊声的到来！
> 丢弃你陈旧的部署！

　　正像本雅明的注释明确指出的那样，这段诗句所提出的是这样的课题，“胜利者应该明白的是，失败的经验不能全部丢给失败者来品尝。胜利者自己也要把握失败的经验，要和失败者共有失败”。在当时的情景下，这段诗句所包含的政治性忠告是向何处所发的、说的又是什么，在这里我们不去追究。但可以确定的是，纵观曾在历史上占据过支配性地位的倾向，这样的胜利者从来就没有出现过。不管是国

与国之间的战争还是一国之内的革命战争，也不管是社会主义还是其他的主义，甚或是在体育竞技中，几乎在所有区分胜负的情况下，胜者总是会在胜利的那一瞬间发出有形或无形的"欢呼声"，同时顺理成章地将"名声"和"荣誉"收入囊中。但是布莱希特所吟诵并被本雅明提升到哲学层次的"胜利"却绝非这种胜利。正如"失败亦是打了胜仗"这一句所说的，在他们眼里看来，失败也是已获得的经验。既是如此，为什么只有胜利具备了超出一个经验的完成的更高意义呢？胜者应该在胜利的那一刻就从那里脱离出来，"再次沉降到深处"。只有在这样做的时候，某种能够引导我们到达某一终点的精神史的道路才会最终显现出来。

但是，"再次沉降到深处"意味着胜利者也要像从头再来的一方一样经受失败、过错的洗礼。所以，

> 被打倒的人啊，
>
> 不要向理智背转身去。
>
> 要带着确信、沉降下去！要害怕就害怕你自己吧，
>
> 沉降下去！在那底下
>
> 等待着你的，是
>
> ……

经过"被打倒"的沉降和没落之后重获新生，这是胜利者自己应该选择的道路。本雅明在这段诗的下面添加了注释，说其中包含着"在绝望中打下坚固的立足之基"的"鼓励"，并进一步指出，"这里

所说的没落是抵达事物的基础之意"。向下沉降，一直降到绝望性的基础，在那基础之上建立立足之地，这是胜利者获得精神上的再生所不可或缺的，这样做意味着"在那发出失败的高呼声的深渊中"与失败者共有他们的经验。在占据支配地位的历史现实当中，胜利者要想从胜利产生的破坏性的名声中获得拯救、失败者要想从惨淡的同情的波澜中获得拯救，只能经过这种但丁式的地狱之旅。只有这样做，才能实现超越精神的破灭的再生，也只有在这里，才会有真正的"开始"。所以本雅明才说，"开始""不是出现在飞跃中，而是出现在中断中"。不要等待胜利现场的完成，而是要迅速地中途退出，沉降到事物的基础，否则将不能够有真正的"开始"出现。飞跃性的成功是赌博的本质，而不是精神开始的核心。只有在"开始"中，胜利者和失败者才成为真正的相互性的存在。

捉迷藏暗中以游戏的形式缔造的相互主体性的世界，由于关乎精神的存废，因此在 20 世纪的现实当中，其实现的机会已经变得非常渺茫。正如人类的理性在过剩的技术化过程中被各式各样的产品、装置、官僚机构和事务所吸收并被"物化"，致使理性丧失了其固有的自由的活动，被幽禁在"理性缺席的合理化"之中一样，成人礼也在"世俗化"与"合理化"的作用下被完全终结，最终变成了"成人节"这样一个墓志铭。于是在成人礼以及与之相关的故事群里所包含的、在传说以及捉迷藏中所包含的死亡与复活、断灭与重生、中断与复归这些社会性的经验被一扫而空；人们以半是游戏、半是演戏，半是受教、半是故事，半是仪式性又半是正式经验的方式，经历流放与彷徨的考验，终于成为社会的一员的过程也已消失不见。取而代之出现的是"毕业""就职"和"资格考试"等制度。然而，这些制度上的通过（合格）当中，并不包含作为人类经验的断灭，存在着的只有资料的处理和所属单位的变更。这当然不过是单向的变更，或是契约上的变更。有没有作为经验的断灭，则完全推给了每一个个人来负责，可以实现这一目标的社会性机会，在"合理化"的社会中却没有被准备。只有致力于练就成熟之精神的自由个体，在相互间的努力之下，这种断灭的经验才能被社会化；只有经过这一过程的人际关系，才称得上是"社会"；也只有经历了这一过程获得新生的社会才真正称得上是自由的社会。

布莱希特和本雅明带着对精神确立的寄托，思考如何将捉迷藏式的精神在 20 世纪的现实中真正付诸实现，我想原因就在于此。童话故事和捉迷藏游戏已经准备好了一种"经验的土壤"，成人仪式再将这一经验在仪式性的、故事性的框架中"实际演习"一番。然而，在 20 世纪，像这样的连续的成长过程已经不复存在。在以往遍及社会整体的成人礼的古典体系已经崩溃之后仍然存在着的，比如在社会的某些单位组成部分（家庭）以及各种各样的经验传递场合（若众组和讲①）继续存在下来的社会性的成人过程，现在也已不复存在。对于 20 世纪的人而言，一方面是保育箱、小家庭的过度保护机构以及其他一系列"合理化"了的生育机关，另一方面则是从一开始就不得不

---

① "若众组"，也叫"若者组"，指近世日本社会里由村落里的年轻人组成的组织，负责村里的警备或共同劳作等工作，一般到了 15 岁后加入，加入时有一定的仪式（有的要经过一定的考验），证明此人已成人。对地方社会的团结协作起了重要作用。"讲"，指有同样信仰的人的结社。——译者注

体尝 "被放逐" 与 "彷徨" 的滋味。因为如果离开这些保育机构哪怕是半步，就已经没有社会的存在，对长大成人提供保证的一切机构也都再不存在。"被流放" 已不再像过去那样只是演剧性质的经验，也不再是一时迷路的经验，而是成为存在本身的基础条件。对于能够立足于这一基础条件看世界的人来说，就如同布莱希特在另一首诗里所说的那样，"被遗弃" 的经验存在于自己的根本。

> 我，是被带到柏油路城市的贝托尔特，
>
> 我从黑色的森林来，
>
> 从还沉睡在母腹之中时来，
>
> 从遥远的往昔中来。

　　由于是难以撼动的存在的基础条件，就只能把它当作自 "遥远的往昔" 以来一直都是这样来感受。对在保育机构中一步步终其一生的人来说，是绝对不会注意到这一基础条件的，但在生活于 20 世纪的自由的人当中却可以痛切地感受得到。于是成人礼作为 "仪式" 的框架如同树叶微尘般消散，而成人礼中包含的考验却不再是演技，变成了赤裸裸的实物，从人们降生至这一世界的瞬间开始，就如潮水般涌将过来。

> 我的家就在这柏油城里，
>
> 从我降生的时刻开始，我就靠临终的圣礼度日糊口——

成人礼已完全终结，反而是"临终的圣礼"从一开始就充满了生的全过程。一边生活在"可以提供无限期耐久保证的房屋"当中，一边生存本身又在放逐和彷徨的不安中化为细风、无尽扩散。

城市没有留下来。留下的，只有刮过的风。

......

我们知道：我们是先行，

而那些后来的人，则是帮连名字都没有的家伙。

然后

丢掉烟蒂，

我在不安中寻求安眠。

这里的安眠并不是安稳平静的睡眠，也不是为了重生做准备的"蛰伏"——不安甚至贯穿了本应提供休息的安眠之中。本雅明已经敏锐地意识到了这一点，他指出，"让睡眠也无法安宁的，是对醒来的恐惧"。因为醒来不再是复活和重生，而不过是再一次回到了随处是"临终的圣礼"的被流放和彷徨的世界而已。在"可以提供无限期耐久保证"的合理化无孔不入、使人终生处于保育机构保护之下的体系当中，不管是借助贫困还是智识，自由清醒的精神都不得不认识并经历这永远的彷徨。当失去了文化形式性的成人礼变成了"纯粹仪式性的成人礼"（的考验）之后，就永远地盘踞在了生的根基上。于是，在 20 世纪"理性缺席的合理化"进行到极致的时刻，一种全新的野蛮、人类社会历史上从未经历过的野蛮到访了。

谁可以为这"纯粹仪式性的成人礼"的无尽"考验"赋予形式并使它终结？谁能够为这如果放任下去将永无休止的流放和彷徨打上终止符、开辟出一条复活和再生的道路？如果能做到这一点的社会在外部早已不存在的话，我们就只能用自己的双手、用自己的力量来完成。如果我们学习阿多诺，用"吹牛的男爵"缪勒根的笑话来做比喻，那就是当连人带马陷入泥潭无法爬上来、行将溺毙的时候，他猛地拽住自己的头发，在既无杠杆又无起重机的情况下，用自己的手将自己连人带马拽上岸来，只有这种自我解救的杂技才是今天可行的再生之路。缪勒根的奇迹之所以被当作笑话，是因为在现场没有出现堪当救星的他者——不管是人还是物——但这喜剧性的吹牛在今天却要认真地加以实现。而这一自力更生的过程要想实现，首先就要通过刚才提到的"抵达事物基础的没落"。本雅明这样说道，"只有从颠覆自己出发的人，才能最好地贯通自己所关心的事情"。这一关心的事情不是别的，正是生产出自由的相互性的社会，以拯救精神的存续。

到那个时候，需要的是什么呢？当自我救助变成了杂技、"连地球本身都成了需要治愈的地方"的时候，所需要的是"新的天使"，本雅明的"新的天使"就像阿多诺准确地把握到的那样，不仅要通过文章，还要通过"与童话（Märchen）一样的、无声的、非肉体性的微笑"来表达。童话故事与捉迷藏游戏所形成的特质在这里就成为"新的天使"的重要因素，为 20 世纪的人的彷徨提供了一个作为形象的指针。关于童话故事的"非肉体性"，我们在上一节的叙述中已经有所了解。而童话故事的演出版——捉迷藏，正是由于没有舞台道具、扮装和"台词"，才具备了其固有的意义，对于这一点，我们的理解就算不充分，也可以明白。对于在这样的时刻，本雅明所说的"无声的""非肉体性的微笑"到底意味着什么，自然也就可以明白了。那就是，在社会中已处处充满了被流放的考验的新阶段里，"童话故事"实际上"以非实在的方式提供了某种经验的存在"。他在文章中编织了独特的悲剧性的结构认识，但在这一悲剧性结构认识的基底却充盈着作为"无声的声音"的微笑，这与他的如下特征是紧密相关的：作为哲学家的本雅明对于"关注物的界限"这一批判哲学的特征毫不关心，而是一直致力于寻找穿透物的形象的超越性的救赎。他并不满足于仅仅指出事物之间的分界线和事物之间"分工"与"协作"的关系，而是持续地关注包含物的形象的"寓意画的寓意""太古时代的古型"以及规定未来之物的"味道"和"残像"，简言之，就是从钢筋水泥建筑的机构化世界的"分支·部门"性中找到能够超越我们自身的、物的非实在性。一言以蔽之，就是乌托邦的精神。

因强调实在性而产生的一切力量感，在童话故事里是被否定的，因而它具备一种绝对的轻巧，而这绝对的轻巧却使其形象化的构图如漂浮的气球一样成为超越性的存在。在其本来的生产过程中，童话故事是由隐居的老人讲给孩子们听的，于是就在这两个"世外"之民的往返过程中产生了"在此世中的超越"的契机。没想到，这种"非实在性的"轻巧和超越却成为在20世纪精神的荒芜中产生乌托邦精神的一大契机。

"在没有超越者的情况下实现超越"，这种乌托邦到底是什么，本文无意在此做详细阐述。还是再一次借用本雅明的名言以做本文的收尾吧："大凡形成终极状态的那些要素，都绝不会表现为抽象的进步倾向。"它们无论是在过去还是现在都"深深地埋在底层"。而且，把这些终极要素的过去和现在的"内在状态纯化为一种绝对的状态，并形成现在确实可见的东西，这才是历史的课题"。本雅明在这样说的时候，他的脑中不可能没有闪过童话故事的"形相"性的纯化样态。也许说这番话的时候，他正晃动着他所喜欢的"一晃就会出现下雪风景的玻璃球"。但即便这些都没有，通过笔者拙劣的阐述，相信读者诸君也可明了，那"形成终极状态的要素"、在过去和现在的底层深深埋着的"内在状态"之一，就是童话故事和捉迷藏的世界。

历史剧的诞生

——对《保元物语》主题的一项考察

一

　　《保元物语》是一部小型的作品。虽然有时也会把《保元·平治》① 和《平家物语》放在一起来谈，但如果与《平家物语》的宏大叙事做一比较的话，就可以很明显地看到，《保元物语》不仅在分量上要少，而且在故事（drama）的规模、故事高潮的丰富性，对人间百态刻画的多样性上，都要小得多。

　　只要把两部物语的各段标题放在一起稍作比较即可明白，《平家物语》故事的展开度非常之广，光是看这些标题的名字也可以很清楚——不管是"秃童""祗王""西光被诛""康赖祝文""文觉苦修""急足到来""沙声"，还是"进军北国""主上出奔""名虎""猫间""鼓判官""老马""逆橹""腰越驿"等等，《平家物语》几乎所有的标题都极具象征性，并且高度简约和贴切，在此不拟一一举例。但要指出的是，把那些轻松的诙谐和简短的比喻等都包括在内的话，《平家物语》的标题可以算是"诗化的"，同时也是本来意义上的"概念"性的概括。虽然有的时候是在这两者之中侧重其一，但从整体来说还是二者兼而有之的。这说明了什么呢？毋庸置疑，至少意味着作品的成熟度很高。即使从这些标题带有的俳谐的性格来看（考虑到俳谐是能够代表从中世后期到近世初期这一精神史时代的一种文艺形式），很明显，这些标题并不是在镰仓后期的某一时期一夜之间突然出现的，而是在长期的流传之中经过了改变、集约和简化，再加上"阅读本"的出现，产生了在视觉上进行凝集的要求等等，才最终形成了今天这样的标题。也就是说，在《平家物语》中一直存在着一些必须是历史性地展开和成熟的东西。

　　因此，从各段的标题中就可以看出，在规模、多样性、展开度和成熟度等方面，《平家物语》都高出其他作品很多。而像这样的标题，在《保元物语》中一个都找不出来，《保元物语》的标题可以说是极为平凡的。而且——请允许我再说一遍——《保元物语》在任何一点上与《平家物语》相比都是不在一个层次上的、小规模的作品。然而，这对《保元物语》的扣人心弦来说丝毫不构成否定。另外，与

《平治物语》相比，在《平治物语》中感觉不到的跌宕性的①主题，在《保元物语》中可以感受得到。甚至可以说，与《保元物语》相比，《平治物语》从故事的主题上来说已然失去了作为戏剧（drama）的资格。再进一步而言，即便在那样高潮迭起的《平家物语》中都感觉不到的某一特别种类的跌宕起伏的戏剧性特质，在《保元物语》那里，也是具备的。而且，正是因为作品的规模小，反而表现得更加突出，也因为故事内容不够丰富，这一特质才体现得更为直接。这是一种可以说如果没有了它，"平家的物语世界"就不可能成立的、具有撕裂般力量的戏剧（drama），而它在《保元物语》中是存在的。我再重复一遍，它不是在个别场面以及人物的描写中，而是作为主题而具有这样的性质。

那么《保元物语》的主题中所具备的跌宕性成分到底是什么呢？那是以鲜明的对照性表现的古代宫廷的质的衰落，是在宫廷衰落后取而代之的"无赖"流浪者作为独立不羁的英雄兼具滑稽成分的登场，是在"公卿会议"中身份低下"身居末座之人"成为果断的决断者的出现，直至最终从衰落的宫廷之中，出现了与神圣的君主完全相反的"大魔王"，这就是这部大逆转戏剧的一条主要而且独到的线索。

宫廷权威的失坠与无赖英雄的崛起等等，这些在《平家物语》中已是不需特别说明的事情。在这些事情上，《平家物语》所关心的问

---

① 本文中说到的《保元物语》所具有的跌宕性，相当于英文的dramatic，指充满了跌宕起伏的变化因而具有扣人心弦的力量，由于怕让读者联想到啼笑皆非的搞笑情节，所以本文没有翻译成"戏剧性"，而是译成"跌宕性"。——译者注

题，是什么样的无赖英雄在以什么样的方式活动，所谓的无赖英雄是谁对谁而言的，宫廷权威的失坠等是在什么样的情况下以什么样的方式表现出来的。所以，在《平家物语》中作为主题展开的是这些带有复杂的具体性的各种关系。其中，无论是无赖英雄的活跃还是宫廷的衰败，在"平家兴亡史剧"中仅仅是作为一个已被分配好角色的函数出现的。只有这样，一幕幕宏大丰富且具有高成熟度的戏剧才有可能呈现出来。当然，在其背后还有动乱本身的性质、规模以及深度的问题。但是当需要在已经写出来的故事的层面上把握其特征的时候，就不能忽略这些容易发现的问题。因此，要想使《平家物语》的这种结构性特征显现出来，就必须要有《保元物语》中那种直接的、尖锐的"跌宕性突破"作为前提而存在。要想使无赖英雄的活跃和宫廷的衰败转变成"关系"和"状况"中的一个项目，宫廷的衰落和无赖英雄的"诞生"当然就必须作为前提在理论上"先行"。这一"诞生"就以跌宕性的形式在《保元物语》中结晶而成。在这个意义上，可以说在故事的层次上，《保元物语》形成了与《平家物语》的连接，并且对于"平家的世界"而言形成了一个开拓性的独立序章。

在这一点上，作为故事而言，《平治物语》不一定是必不可少的，它不过是起到了使故事的编排与实际历史事件的先后顺序合拍的联结阀的作用，它所具有的不过就是剧本中舞台提示那样的意义，因之与《保元物语》存在极具对照性的差异。虽然如此，这并不意味着作为故事而言，《平治物语》的存在毫无意义。它的故事确实是平淡且陈腐的，但这平淡陈腐的故事却被专门按照历史事件的先后顺序创作出来，并被插入《保元物语》与《平家物语》之间，这本身就暗示了一件事情——我是这样想的。暗示了什么事呢？《保元》、《平治》、《平家》这一系列的物语，很早以前一直被称作是"战记文学"或是"军纪物"，在之后的某一时期，也开始被冠以"叙事文学"这种学术用语，自此两者都有使用，并混用至今，但它们首先是采取了物语形式的"历史剧"，这在刚才列举的些许事实中已经得到了启示。如果是"历史剧"系列的话，既然已把保元之乱、源平之争、源氏政权的诞生作为素材编入物语之中，那么以平治之乱为题材的物语也就不能缺少了。既然这些争乱是一系列的历史事件，那么不管《平治物语》作为故事而言再怎样不过是"中间的"性质、再怎样不成熟、如何的欠缺扣人心弦的力量，为了使"历史剧"的系列性得以完满，它也是不得不存在的。而且既然是"历史剧"，那这些物语自然也就不得不是叙事性的作品。既然是这样，那么，当阅读这些作品时，仅靠一些零碎的描述性词句带有的情绪来对作品整体做出评价就容易失之于片面，同样的，仅仅关注"战记"的部分来发表议论也犯了视野狭窄的错误。不管是描述部分的情绪性还是记述交战场面的激斗性，都必须与作为"历史剧"的整体的基本框架联系起来做批判性的把握。因为这些情绪和激斗性，或是作为整体骨架的血肉，或是作为衣装，有时是隐蔽地发挥着作用，有时又贴切地被表达出来。

因此，《保元物语》体现了中世精神的确立，作为一系列物语形式中"历史剧"世界的"突破口"、同时又是"离岸点"，它确实成为一个开端。这样说当然不是指作品成立年代的先后关系而言，而是指其内容的结构性特征。因此，在考察《保元物语》之时，应首先从构成其基本骨架的几个结构性主题到底意味着什么开始，这才是阅读这部作品的正确方法。而当你在一部物语中寻找"如果缺少了它就不成其为一部值得阅读的作品"的支柱是什么的时候，也就等于是采取了关注结构问题的态度。

二

《保元物语》的叙事是从两位君主的死亡开始的。一个是年幼的傀儡近卫天皇，另一个是专横的实权在握者鸟羽太上皇。由于传本的不同，这两件事有时会被分成不同的"节"来写。由于普及程度等理由，我这里用作解释对象的是古典大系的版本（金刀比罗本）。这版本也将这两次死亡的事件分开（三个）段落来写——但从物语的结构性组成上来看，这两件事并非是不同种类的事情。事实上，围绕着近卫天皇的死所作的名为"后白河院御即位之事"的叙述，开头的第一句就是非常著名的这句："中比有位帝王，御名鸟羽禅定太上皇。"①"中比"在有的书上写作"近曾"，这一点可作为书志考证学上测定成书年代早晚的材料。这样的考察当然也具有一定的意义，但当把物语的结构性特质作为问题的时候，会看到不管是用"中比""近比"还是"近曾"，这"两三段"的开头都要从"有一位皇帝叫鸟羽太上皇"这句不可置疑的判断开始，这其中包含着一个不可忽略的意义，它说出了古代末期院政时代的某种特征。同时，鸟羽院政时期近卫死亡的

---

① 此处"中比"为日语，意为"最近"，与后面出现的"近比""近曾"含义相同。此处为了体现用词的不同，特意保留了日文原文。——译者注

段落以及接下来鸟羽死亡的段落，通过这一句话，具有象征意义地成为同一类事件被统括在了一起。从故事结构的观点上来看是可以这样说的。

让我再举一个可资佐证的例子。这句话本身并不出名，而且除了让人稍有偏离方向之感的考证学上的琐碎研究之外，通常不会有人给予任何的注意。接在久寿二年秋天近卫之死段落之后的鸟羽太上皇之死的段落，第一行是以"同年冬"这一句做开端的。鸟羽的死是第二年的事，但在故事里讲述他死之前的事时，开头第一句就用"同年冬"的说法干脆利落地进入对事件的叙述，很明显，这表明近卫的死和鸟羽的死从历史剧的性质上来讲是"同时性的"事件。至少，这句话读起来会让人有这种感觉，即，它们是具有质的同时性的。作为读者，在阅读方式上需要对此多加注意。坦白地说，我甚至认为，如果读到这里的时候对这句话的象征性统合力毫无感知，那么是无法进入故事的真意的。虽然水户学的《参考保元物语》在事实考证这一点上给了我们诸多教益，但却是用了刚才那种缺乏感觉的阅读方式，从而把一切都还原到对物理性事实的考证这一平面上去。而正是在这种还原之上，才可能任意地拼凑出水户学特有的儒学国粹主义的"虚假意识"体系。在无视精神性的事实和故事的现实性、对一切都仅仅在物理性事实的平面上来看的态度之下，隐藏着随时可以肆意捏造虚假意识的机会。仅从唯一的一张平面图上，是无法理解建造于其上的房屋的构造、高度以及质感的。反过来，也正因为如此，对于其上的建筑物，也可以恣意地建构出任何形状的空中楼阁。因为立体的真实被隐去了，自己和粗心的他人都看不见，所以修正错误的可能性就很少了。水户学的影响能改头换面地在隐微之处持续下去，其中一个原因也在于此。虽然已经有过这样的历史，但这种将一切还原到物理性事实的平面上的阅读方式依然在方法论上毫无反省地得到了继承。在注意"同年冬"的时候，所贯穿的也不过还是这种态度。这种态度所关注的，只是鸟羽太上皇在那一年是否真的去过事件发生地熊野。故事中这一句话的统合意义在这种态度之下当然无法得以呈现。

如果是关注故事的结构性架构，那么就可以把两位君主的死当作在质上具有同时性的一类事情来对待，实际的叙述方式当然也表明了这一点。在近卫死亡的那一段落，根据"书"的不同，写法各有不同，有的写得极为简略，只是作为一个单纯的事实轻描淡写，而有的则像金刀比罗本那样，不厌其烦地加以记述，有礼仪性的文饰和空洞的"好文采"充斥其间的强烈印象。也就是说，仅在近卫死亡的这一个段落里，是无法把它作为一个完整的主题来对待的。与之相对，在接下来鸟羽死亡的那一部分，叙述就极富戏剧性。而这两个部分合在一起，最终构成了古代宫廷衰败史剧的第一大主题。

在描述近卫死亡的段落，除去纯粹是习惯性的修辞的部分之外，仅有少量的部分能够让人感觉到故事的实在感，而这少量的部分就成为关于死亡的，尤其是关于年幼可怜的傀儡天皇之死的佛教"哲学的"思想史记述。在这个意义上，其中的实在性是抽象的，并且因此也是形式性的东西。而与之相对，支撑着鸟羽死亡那一段落的实在感却是具体的、形象的，并且充满了带有预言意味的现实性。这并不是说在鸟羽死亡的段落中完全没有"哲学的"记述，而是说支撑这一段故事的恰恰压倒性地是现在所说的那种性质的东西。

于是，古代末期宫廷内部那被称为院政的双重君主的结构，是如何一举全部倾塌的，通过两位君主的相继死亡，通过这两起从故事①的性质上来说具有同时性的死亡，鲜明地得到了体现。徒有帝王之名的傀儡天皇的死，被以简单的叙述或是用"修辞"以及附在其后的宗教思想史的命题来表现，而掌握实权的宫廷之主太上皇的死，则通过具体的形象化的描述，用戏剧性的转折来表现。通过这两起死亡事件，即仪式上的傀儡与实质上的帝王的死的重叠——所谓质的同时性，指的就是这种纵向上的多层重叠——古代宫廷整体的神圣性与永续性的决定性的没落，以一种充满戏剧性的象征得到了体现。这里所说的没落指的并非是单纯的势力衰退或是权力的低下。若是说权力，那与上一个时代即摄关时代相比，这时的权力已经大大增加了。因此所指的并不是这个，而是原本一直被视为神圣的宫廷，通过对这两起死亡的叙述，其神圣的性质本身被完全地剥夺。之前说"质的衰落"，原因就在于此。

三

那么，这两起死亡事件是如何被讲述的呢？前已述及，某一系列的传本只是简单记述了近卫死亡及其双亲等人悲叹的事实。而金刀比

---

① 日语原文中的"物语"，一方面有"故事"的含义，另一方面也专指日本文学的某种表现形式。本文中"物语"的使用兼有两种情况，因此译文也依语境同时采用了两种译法。——译者注

罗版本则花费了大量文字做了不厌其烦的详细记述。讲青年近卫时，说他"圣龄未及二十年，仅艰难度过十七年春秋即悄然离逝"，而他死亡的理由就在于不过是个"末代之凡夫"。他的父亲（鸟羽太上皇）及身边之人都这样认为，近卫虽是"七十六代人皇"，但不幸"遭逢末世，区区肉身，不及佛祖，何以能逃无常之波澜"？即便是"恒常之如来"也难逃死亡，更何况这位人间皇帝从时代而言不幸生于末世、从地位而言又"不及佛祖"，像这样不过是一介凡夫的人间皇帝，又怎能超越无常之波澜呢？这是鸟羽太上皇自身的所思所想，所以传达的内容非常深刻。

这一段中鸟羽（和他的宠妃美福门院）对其爱子之死所发的悲叹，是由叙述者处在鸟羽的位置上代他抒发的，因此叙述者本人的说明，就是以事实的说明，或是以一种解释的态度，在鸟羽悲叹的过程中自然地流入流出。故而，光是读这一段文字，很难截然分清哪些是鸟羽的感想、哪些是叙述者本人的说明。正是在这里，留下了这是一个"被讲述"的故事的痕迹。说明事情的文字与处在主人公的位置上代他进行心理剖白的文字，不是在文章上，而是通过音调的变化加以区别。"讲故事"有意思的地方之一，就在于将这种一人分饰两角或一人分饰多角时的不同声调，用被称作"气色容仪"（《普通唱导集》）的身体和表情等的协作来完成。现在我们依然可以在讲读和落语①中看到类似的情形，虽然形式有所不同。

在描述近卫之死的这一段落中，虽然死者亲近的身边人的表白与

---

① 落语，日本曲艺的一种，类似于我国的单口相声。——译者注

叙述者的说明之间的区别过于模糊，但是当读到反思终究不是神仙圣
人的一介凡夫如何能逃过无常之波澜，于是"圣虑至此，自是深感御
罪之深，无以慰藉"的时候，由于部分文字使用了敬语，所以就可知
道哪些是"代替"主人公表白的部分。对这一部分，刚才已经混合着
引用做出了说明。但是还不止如此，"深感御罪之深，无以慰藉"的
当然是鸟羽太上皇自己。凡夫俗子终究难逃无常，这个道理虽然是懂
得的，但依然难以摆脱无以慰藉的烦恼，因而是烦恼之罪业深重之
人，当帝王也这样来想自己的时候，这话的道理就更加深刻了。这使
鸟羽接下来萌生了自己恐怕也要遭遇无常的预感，也使这位已出家的
太上皇帝①认识到自己也不过是难以摆脱深深的烦恼罪业的一介凡
夫。到了这个时候，"皇御祖"②祖灵的重生所产生的连续性，还有
天皇的神圣性，都已丝毫不起作用。连宫廷的主人都已承认了这一
点。需要强调的是，这里的"承认"并不像第二次世界大战后天皇发
布的《人间宣言》③那样轻易和虚妄。（在1946年天皇的《人间宣
言》中，"自己是一介凡人"这样的话一句都没有出现，所说的不过
是"不是神"这样显而易见的话。）绝不是值得庆祝的、带着人道主

---

① 在佛教流行的时代，皇室也普遍信奉佛教，鸟羽上皇于1142年39岁时出
家。出家的太上天皇，叫"太上法皇"。——译者注
② 皇御祖，指天皇的先祖，常追溯到天照大神。在日本的神话中，太阳神天
照大神被认为是日本国土及众生的创造者，历代天皇即是天照大神的直系子孙，
民众则是旁系。天皇是神的后代，因此具有神性，而由直系旁系的关系衍生出家族
国家的观念，因此后文中说天皇的存续就意味着"皇御祖祖灵"的重生。——译者
注
③ 1946年，日本战败投降的第二年，天皇发布讲话，向民众宣布自己并不具
有神性，因此称为《人间宣言》。——译者注

义腔调的、机巧的声明。古代神圣宫廷里的主人从自己口里用直白的
语言说出自己是罪孽深重的凡夫俗子，而且这一剖白是由不知其名其
姓、来自何方的"讲述者"代为表白的。这表白中充满了对质的颠落
的痛切的自觉，不是虚张声势的制度性的"声明"，而是通过下层无
名讲述艺人之口直接地讲出来。"讲故事"所带有的戏剧和叙述的两
义特征在这里愈发得到了体现。读到这里，岂不会有一种阴郁之感？
颠落所带来的沉郁思绪由无名下层的艺人"代为"表达，这进一步增
加了颠落之感。"演员是谁"所具有的意义、"记述者是什么人"所具
有的意义，在这里得到了充分的展示。

　　当然，无论是"区区肉身""罪孽深重的凡夫俗子"，还是"末世
末代"，这些都不过是当时占据支配地位的佛教潮流中极其普通的概
念。正因为如此，近卫死亡的段落可以说是一种抽象的叙述，与"青
春韶华却溘然而去，双亲悲叹"这样寥寥几句写就的书相比，二者从
文学的感觉上来说并没有太大的区别。那些只简单地陈述事实的书，
由于采取了叙事的态度，反而让人觉得简洁明了，毫不拖泥带水，其
一个原因也在于此。尽管如此，当这种普遍化的"末世观"的诸种范
畴，被与天皇本人而非普通民众的死紧密结合，用以对其死亡的理由
进行解释的时候，还是会从中产生某种特别的意味以及一种带有问题
性的意义。这说明，从古代末期产生的佛教的末世观，不仅成为人们
对社会风俗及一般事务的看法，还贯穿到神圣古代宫廷的核心部位。
若是有人要对日本的佛教思想史进行考察，那么这个问题点将是无法
回避的，这个问题未必仅仅体现在近卫死亡这一件事情上。如果这种
特别的问题性不能被作为思想史上具有重大意义的事件来对待，那么

这样的思想史就只能是单纯的"学说史"或"教义史"。因为在这其中，时代的精神构造所具有的动态的本质没有得到丝毫的展现。换句话说，这样的思想史是无法包含精神史的层次的。

在近卫死亡的这一段里给我们以实在感的短短文字中，需要注意的就是上面所指出的问题点。近卫死亡的段落本身是"形式化"的，而正因为是形式化的，才有可能做到把佛教思想史上的一般范畴直接拿过来使用。在其中上演的戏剧是范畴史上的戏剧，而不具备形象的历史剧所具有的决定力。《保元物语》的第一幕之所以成为历史剧的第一幕，是因为对近卫死亡所做的描述只是一条"花道"①，是为了引出鸟羽死亡的那一幕。反过来说，《保元物语》作为历史剧的第一幕的中心内容，不是近卫、而是鸟羽的死。在各种传本中，也有的就像《镰仓本》那样，把熊野事件作为"两人死亡"的前兆，甚至作为开头的事件、放到近卫死亡之前来讲述；而在其他的传本中，熊野事件仅仅被作为近卫死后接续而来的鸟羽之死的开端来记述。而在其中共通的，是使我们再次确认了"两位君主的死亡"其实是一件事，并且，鸟羽的死亡才是故事的重中之重。这也表明，作为鸟羽突然死亡的"道行"② 的熊野事件，是《保元物语》第一幕主题的重点。只要详加阅读、不引用《镰仓本》也可以知道，鸟羽的死亡是《保元物语》作为戏剧而言形成其骨架的实质性的首要支柱。

---

① 花道，是日本歌舞伎演出中演员上下场的通道，从舞台上延伸出来，同时也将舞台和观众席做了隔断。——译者注

② 道行，指舞乐演员从后台出来走到指定位置之前的这一段过程。转喻演出真正开始前的铺垫和准备。——译者注

四

那么，专横的宫廷之主鸟羽太上皇是如何死去的呢？正如前面反复提到的那样，这是一起出人意料的死亡。在近卫死亡的"同年冬"，鸟羽太上皇按照当时院政之主的恒例，前往熊野神社进行参拜。随行的仪仗华丽而铺张，可见出行时还是心情大好。去了之后，在熊野本宫的第一大殿证诚殿前彻夜敬奉，祈祷此世和来世的平安。当"夜深人静之后"，在证诚殿里，从神殿的"垂帘边上露出一只无比美丽的手，仿佛是左手"，反复出现了好几次。太上皇看到此景，一时分不清是梦境还是现实，他不知道这只无比"美丽"的手所做的动作到底在表示什么，他只知道这是佛祖的显灵。

"垂帘边"露出的美艳袖口和美丽手指款款展示，这是平安中期以后宫廷里身份较高的女性在特殊场合尤其是祭祀典礼时的一种习惯。这是一种将丰艳、美丽与优雅展现出来的动作，常常被看作是极乐人间仙境中的景象，这种看法的形成应该是当时的净土宗①和净土艺术的普及促进的。于是，在平安朝②后期，宫廷世界里的净土观以及阿弥陀佛的意象，就与高贵女子的优美形象结合在了一起。一言以

---

① 净土宗，佛教宗派之一，以念诵佛号作为修行的方式，期待在阿弥陀佛的极乐净土中修得佛果。——译者注
② 平安时代，指从桓武天皇迁都平安（即后来的京都）一直到镰仓幕府成立期间约400年的时间。12世纪末镰仓幕府成立之后，直到16世纪末室町幕府灭亡，这段时间在日本史上称为"中世"。——译者注

蔽之，那时的净土观和对如来佛祖的认识都是与此世的美的价值难分难解地结合在一起的。这与中世领导了"宗教革命"的法然、尤其是亲鸾的"一向念佛"① 及其先人们是完全不同的。

鸟羽在似梦非梦间所见的"从垂帘边露出的美丽的手"，就是这样的一种（与凡世的女性美结合在一起的——译者加）如来佛祖的手。但同时，这只手的动作能够被作为神意在眼前特意显现，也是因为当时的社会上存在着巫女的"舞蹈"作为其发生的基础。这在后文的叙述中将会渐渐明确。尽管如此，鸟羽太上皇对于如来这只手的动作有何寓意并不清楚。若是普通的美丽女子，恐怕会贸然断定为色情的引诱，但对方不是普通女子，而是如来。作为有着一介凡夫的自觉、明知无法知悉神意的人，是不可能理解如来显灵的动作的。于是他找来了熊野当地在这方面最为精通的名叫"伊冈之板"的巫女为他做出解读。这个巫女几乎花了一整天的时间来请神灵附体。所有人都屏气凝神地看着这一切。神灵迟迟不来附体，"过了好一会儿"，似乎神灵终于现身，巫女从容地面向太上皇，"高举左手，来回挥了两三次"，说道，"这样如何？"太上皇看到与自己似梦非梦中所见相同，心想"这就是真正的天启了"，大为惶恐，于是急急合掌恳求道，"吾虽蒙十善之余薰，贵为九五之尊，仍是三界具缚之凡夫，难详神虑。如何才能明辨是非？请明示。"法皇这样向"伊冈之板"请求道。

---

① 亲鸾（1173～1262），镰仓时期的僧人，净土真宗的开山祖师，曾师从法然。亲鸾的教团称自己为"一向宗"，"一向"指一心一意，一向念佛就是以一心念佛为宗旨。——译者注

巫女首先用"歌占"作为回答。"歌占"① 是当时流行的占卜方法中的一种。她用寂寥的声音唱道，"有如掬水手中之月影，有耶无耶无可分明，住于如此虚妄之世哉。"如此这般反复唱了两三次。这首歌据说原是纪贯之②所做，但在这里，结尾的部分由"在如此虚妄之世上"改为"住于如此虚妄之世哉"，恐怕这是当时正在流行的歌词（《沙石集》）被用在了此处。就歌本身而言，不管原歌还是改动之后，都只是平凡陈腐之言，而此处不过是用比喻的手法把当时的无常之感用这 26 个文字表达了出来（日文原文为 31 个文字——译者注）。如果我们对于句末的变化稍加注意的话，就会发现，在改成"住于如此虚妄之世哉"的说法之后，褪去了系助词搭配的技巧性要素以及"如此世道"的超越性咏叹的态度，而带上了适合没有受过什么教育的巫女等人咏唱——在《沙石集》中被作为儿歌的平凡易懂以及切身相关的直接性。但这里最值得关注的，还是为什么这首歌会被用在这个故事、这个场景中。恕我直言，这个原因的要点，恐怕就在于"手"这一词汇上。如来显灵，在垂帘之下露出左边的"手""来回挥了几下"，这一发生在半夜的事件，揭开了这一场戏的序幕。作为如来显灵的媒介——"伊冈之板"，把如来通过身体的动作所表达的内容，作为自己的演技再次搬上舞台，并由此变身而为神的翻译者。"神灵附体"的实态必须是这样的。在这个场面中，在吟咏歌词以作

---

① 歌占，指巫女用吟歌的方式，通过歌词进行占卜。——译者注

② 纪贯之，日本平安时代初期著名的和歌作者，被称为"三十六歌仙"之一，曾参与《古今和歌集》的编纂。——译者注

占卜之前，那个巫女不是果真把左"手""挥了两三次"给人看么？当把身体层次上的表现纳入语言层次进行解读的时候，包含了比喻性象征的暧昧性的歌占，就被作为这个过程的导入部分被吟唱出来。在其中，作为构成这一场演出的主要行为，"手"的动机必须依然在其中继续存在。这是因为，事情的真相尚未完全进入在"语言世界"中被表明和判决的阶段。歌占所具有的暧昧性，正是表现了从不说话的身体行为的阶段向明确的语言审判阶段的转移。歌占的比喻世界所处的位置，就是从极具多义性的、"不可思议的"世界，向极具一义性、明确的、声明的世界转变时的中间过渡。正因为采用的是比喻这种超语言的象征，所以它才分有了半语言的功能，成为与前语言的表达世界相联结的桥梁。对于突然从天而降的、超出人智理解范围的、令人震惊的事件，要想保持戏剧的紧张，那么就必须把达到最终的"逆转"和"审判"之前的阶段放慢，一段一段地徐步向前发展。如果不这样做，就无法保持这种不安与期待相互交织竞相上升的过程，也就不能充分地表达出那不仅让本人捏把汗也让观者提心吊胆的战栗感。

所以，当在这个故事、这个场面中出现歌占的时候，这个歌占内部必须包含了"手"（尤其是反转的手掌）的动机，同时，也必须使人对接下来要出现的语言判定的内容有所预感。在这个意义上，一首陈腐的歌单独拿出来看平淡无奇，但将它放进这一物语的剧情发展过程中来看的话，就会发现连这首歌的通俗性在内，都与剧情极其贴切。同时，它也展现了一个历史的过程，这就是某种"歌的时代"已经终结，取而代之的是在其他的主要表现形式的统合力量当中，杂歌等形式获得了某种位置，并被吸纳进来，被再次整编的历史过程。作为叙事史剧的物语的诞生，就是这种情况下"其他的、新的主要形式"的一种，这从行论当中也可以容易地观察到；但既然这种形式的巨大变迁并不是抽象地突然从天而降，那么在这个历史过程当中，首先以及直接的表现，就是各种新的、具体的结合关系在各个领域当中的出现。就拿当前的这个例子来说，就是歌从歌集的世界以及赛歌的世界中脱离出来，作为巫女做法事的附属品而出现，可以说这其中存在着这一历史过程的、极其具体的一环——而且是根本性的一环。于是，巫女式行为的世界——也就是将社会性的异变（事变）以演技的形式加以再现并进行解释的表达式艺能的世界——就成为戏剧、尤其是表现宿命性转变的叙事诗剧的一个重要的构成要素，这可以说已是显而易见的道理。作为异变的社会性事件，只要它是异变而不是通常的事态，那就首先会在巫女的法事行为世界里得以叙事性地演出，在这个"演出"当中，之前的"名歌人"的歌被吸收进来，这一方面使巫女的行为获得一种装饰性的权威，另一方面也为巫女的法事行为要彰显的道理提供了"迂回曲折"的复杂性，同时为它的进行附加了从效果上来说的缓冲部分。这样，就在巫女法事行为的周边创造出了多面性、丰富而又充满微妙变化的移动性，向故事的世界逐渐接近，使得巫女本来只是单纯的、巫术的灵媒行为得到膨胀，成为一个大型叙事剧的核心之一。

让我们再回到这个故事的场景中来看。"伊冈之板"是以"起舞"时的动作来"反复挥动"左手的，然后她吟唱了那首歌词，那首歌正是为了与她的动作相联结才被选择的。这些巫女们恐怕是拥有这样一个常用歌曲的库存，以便在不同的场合下选取与之相适合的歌曲，但是这些歌被选择也一定都是因为与她们在彼时彼地的身体动作有关系。此处"手"的动机的主导性作用也是其中的一个体现。于是，能够预兆那"有耶无耶"即将消逝的状态的歌，被"伊冈之板"以一种"使人深感在世上彷徨无依的声调"咏唱了出来。这可真是感情充沛的表演。但是既然歌占是身体动作的连续，那么歌占本身也运用了可以称之为语言中的身体动作的"声调"来作为重要的表现手段。于是，那使人感到彷徨无依的寂寥声调成为戏剧表演中不以台词展现感情的一种演技，更进一步地推动了不安与期待交织的心理状态。歌曲被吸收进身体动作的世界，或者反过来说，歌占对身体动作世界的介入，不仅仅是传达了作为意义的预兆，还在动作的周围创造出了通过音声表现出的戏剧表演。于是，本来只是单纯的灵媒，到了这里就确确实实地变成了具备多个局面和转变阶段的戏剧。

面对委托自己"传达神谕"的鸟羽太上皇，巫女"伊冈之板"的最初回答具有如上所说的内部结构。当接下来到了宣示神意的时候，作为"序曲"提出的那首歌占，包括声调在内都是极其不祥的。于是，当把这在意义上、在音调上都极其不祥的宣示传达出来的时候，她的眼泪扑簌簌地落下来，下断言一样地说道，"汝将不治。必将于明年之秋驾崩。其后，天下将大乱一如手掌之倾覆"。这个宣示中包含的三个句子都以断定的语气讲出来，作为文言的语言来讲，语气极为强烈。三个"将"字被接连使用，如同被叠加起来一样。这几个"将"字既是对未来的预言，同时也带有下断言、发命令时的"一定会"这一词汇的语感。这种预言与天气预报不同，它之所以不是单纯的对可能性的预测，而是充满冲击力的命运的决定，就在于它的断言命令性。预言一样的宣示能变成用语言表达出来的审判，也是因为如此。所以，传达这一决定性预言的、充当了在此世中的翻译的巫女，已经不再是带着不安定的暧昧性的、"寂寥"的表情，而是转为突然的、清晰的"落泪"这一动作。不可忽视的一点仍然是"手"掌的动机在此依然继续存在，但是它已经超越了鸟羽的死，成为预言天下"倾覆"的带有比喻性质的形象被明确地说了出来。身体的、物的形象在所在的跌宕剧情的发展中，其意义的指涉范围像放射线一样地扩大开来。于是"手"掌的动机，经过了巫女巫术的"起舞"动作所唤起的梦想以及歌占之后，终于离开了动作的具象世界，成为表达更为广阔世界的命运的语言性比喻而确定下来。于是通过这一过程——通过"手"的动机的这种戏剧性的扩充运动——掌握实权的君主的统治能力的死亡，君主的生理性的死亡以及世界秩序的死亡，这三重死亡已经是不可更改的决定性的命运，在此处被以强烈的语调宣告了出来。

听到这果断的宣告，堂上的公卿之士大惊失色，他们异口同声地询问"如何能延长陛下之寿"。而太上皇本人到了这个时候已是惊惶无措了，他也与手下一起哭着向巫女恳求，求"大慈大悲的神明相救"，设法"拯救其苦厄""请赐予解救之道"。声调极其可怜，几近哀求，帝王君临的权威到了此时早已荡然无存。"伊冈之板"不过只是据称是出身于"美作之国"①的一介巫女。在金刀比罗版本中，她

————

① 美作，日本的地名，当时尚无统一的中央集权，各地皆称呼为"国"，实则指地方的政治单元。——译者注

的名字被叫做"Kore Oka no Ita",或者被叫做"I Oka no Ita",或是
"Yoka no Ita",从这个名字（"Itako"①的"Ita"）来看,这也是一个
靠着专做巫女来生活的人。素以专横著称的太上皇鸟羽向这种是流浪
者也未可知的巫女哀求解救之道！而巫女是怎样回答他的呢？她一边
流泪一边说道："君位我朝之主,治理已有四十余春秋。我为此国之
镇守,已经受一千余年之星霜。"说你作为日本的君主,在其位已有
四十余年,而我作为这个国家的镇守已是千年有余了。不须说,巫女
的这话是作为佛祖显灵的话来讲的,但是这话却带有一种表明层级差
别的旨趣。说了这样的话,就可以明白,虽然自己是这样的人,不会
不以方便众生的慈悲之心来眷顾你,但是很遗憾,"人各有定业,神
力亦有所不及",所以还是认命吧。"汝应抛却此生之事,以为后生菩
提之使",再次以断言的语气做了宣示,神佛就这样冷漠简慢地迅速
结束了他的谕示。这一预言作为果断的命令,在结尾的时候再次排除
了不必要的冗长,直截了当地讲了出来。与太上皇那不肯罢休的态度
相对照的话,其直截了当的特征就更为明显。苦苦哀求的太上皇已经
无能为力,只能茫然自失地踏上归途。在物语中,也将"佛祖显灵"
的部分作为一个分水岭,之后的部分开始转为记述悲戚的返程。来熊
野的时候还是气势昂扬、热热闹闹的太上皇一行,回去时则是垂头丧
气、悲悲戚戚。从熊野参拜返回的道路在当时一般叫做"喜悦之路"
的——这也可以想见去往熊野的山路也是一定程度的苦行——而此时
的鸟羽一行,喜悦就无从谈起了,就连"传达占卜预言的巫女都感到

---

① 日本东北区域用 Itako 来称谓从事请神等巫术的巫女。——译者注

凄惨"。

自然，鸟羽太上皇就像预言中所说的那样，在第二年的秋天死去了。这被以"法皇驾崩之事"为名单独成为一节，但其叙述的方式与近卫死亡的部分并有什么区别。大部分都是如同"悼词"一样的礼仪性的文字修辞。在结尾的部分，也跟近卫之死一样，说"凡俗之人，无论贵贱高下"，都难免无常，把凡人太上皇的死视为当然。佛教的"末世"和"无常"的范畴在这里再次贯彻到宫廷内部。但鸟羽死亡剧的重点还不在此。古代宫廷之主、鸟羽太上皇竟然像一介巫女预言的那样轻易地死去了，就像她接受的熊野权现的托旨那样，法皇鸟羽无可更改地死去了。也有称其为"原来美作的住民"、可能是个流浪者的巫女"伊冈之板"的话，决定了古代末期专横的君主死亡的命运。这一点才是鸟羽死亡物语的基干。

正因为如此，才把《保元物语》看作是通过物语形式写就的"历史剧"。"历史剧"与"史书"属于不同的种类，只要比较一下《愚管抄》① 对同一事件的处理方式就可以明白。《愚管抄》是在个人的历史视角之下加以调查而写就的日本最早的史书。独具慧眼的历史学家石母田正曾经带着某种揶揄说过，这与其说是本"历史哲学"的书，不如说它首先是一部当代的"现代史"。这本书的后半部分无论在古代还是今天都算得上是出色的"同时代史"。关于它为什么出色以及何以说它出色，这里不做探讨。但是，在讲述了"鸟羽院薨后，日本

① 《愚管抄》，日本最早的史论书，成书于镰仓初期，作者慈圆。从佛教的世界观解释自古至当时的日本历史。——译者注

国陷入叛乱",遂致天下"成为武者之世"的这部"现代史书"里,
也把"伊冈之板"在熊野向法皇传达神谕的事件作为历史的插话写了
进去。所不同的是,这里讲的法皇不是鸟羽,而是之前的白河法皇,
而且巫女传达的神谕并不包含对法皇将死的预言,而只是说"身逢末
世,恰如手掌倾覆",仅仅预言了末代如天翻地覆般的乱世性。"手掌
倾覆"正是对社会史逆转的比喻。但是如果说《愚管抄》中的记述因
此就与保元之乱完全没有关系的话,那就错了。因为白河院的那段插
曲被写进了导致摄关家分裂的院政之主白河院如何独擅专断的部分之
中,而摄关家的分裂则是导致保元之乱的主要原因之一。史书《愚管
抄》是把鸟羽法皇的死作为开端,着重描写保元之乱以后动乱的发
生,接下来再追溯动乱的历史原因和由来。所以在这一部分中涉及了
白河法皇参拜熊野的事情,并把"伊冈之板"传达神谕的事件作为插
入性的话题来叙述。这段插话不是引出院政之主的死,而是传递了天
下要大乱的预感。这里所使用的笔致、形式与文脉,具备非常明显的
史家在叙述历史时带有的那种散文的特征。当然,"伊冈之板"宣布
神谕作为"史实"来说到底是否真的发生过,如果真有其事、实际又
是怎样一种情形,这些并没有确切的答案。这些在物理事实层面上,
可能永远都无法确认了。但是,这些既然在《愚管抄》里有所记载,
就表明这件事的传说在当时是确实存在的。在被看作"现代史书"的
《愚管抄》里的这段记载,在《保元物语》里以极其扣人心弦的形式
被统合并重新架构。本是个插曲的传说在剧中占据了核心位置,如
"手掌倾覆"从一个比喻一变而为剧中主角的主要动作,白河院时候
的事被移到了鸟羽院;本不过是导致保元之乱的历史原因之一环的插

曲性事件，被与这一动乱的直接发端——鸟羽法皇的死建立了直接的联结。于是鸟羽的死就带有了戏剧化的形式，本来体现在具体人格身上的保元之乱，其时间上的发端也不再是单纯的时间上的开始，而是成为了对社会剧变之下带有实质性转折点的人的体现。从苦恼着的具体人物的宿命般转折中表现历史的急剧转变，《保元物语》就是这样的一部"历史剧"。宫廷之主鸟羽法皇死亡的这幕剧，通过与对灾难、叛乱以及变为武士天下的社会史整体剧变的预言相结合，最终成为这部象征性地表现了古代宫廷质的瓦解没落以及广阔的历史性转变的不可抵挡性的、真正历史剧的第一幕的主题。

因此，构成历史剧《保元物语》第一幕主题的核心，就在于一个巫女说的话决定了法皇鸟羽的命运。在物语中已经"内在地"为此做了铺垫。体现在何处呢？前已述及，描述鸟羽实际死亡的"法皇驾崩之事"这一部分，与记述近卫死亡的部分一样，用了大量的"文字修辞"。但是尽管如此，在这一节结尾的时候，再次想起了那个巫女所说的大势已去的预言。只有这样才能把鸟羽死亡的剧变意味表现出来，也只有这样才能在物语当中植入对因他死亡所开启的社会性激变即保元之乱的预感。这些都形成了一个箭头，指向了《保元物语》的第二幕。"法皇驾崩之事"的结尾是这样说的，"正如手掌之倾覆，巫女既如此卜道，不知今后又将有何事发生，真如临深渊、如履薄冰，战战兢兢……"

五

以上对《保元物语》第一幕的主题是什么以及它是如何构成的作了解读，在讲解的过程中还不时使用了许多现代的词汇来再现故事的内容。但对此还需要一些解读的眼光和解剖的程序。因为，尽管我们知道了主题以及主题的核心是什么，但其核心内部的结构性组成还没有得到明晰的剖析，我们仍需要用显微镜一般的眼光来注视其核心的内部，取出其分子构成式。

这里不拟对佛教思想史上的范畴变迁加以讨论。这并不是说关于这一点没有什么可说的，而是说那些已经渗透至宫廷内部的"末世""凡夫"和"无常"等范畴，关于它们本身的意思，我们已经知道。但是对于古代宫廷之主命运的急速颠落，还残留着一些无法忽略的问题。首先，为什么说这是一种"颠落"，而不是别的？一介巫女说出来的话决定了专制法皇鸟羽死亡的命运，这我们已经知道了。但是，"一介巫女"这一身份本身意味着什么？当宫廷的君主要请人占卜，接受"神"的意志的时候，以前都是怎样做的呢？在这种场合下被委以这种任务的是"占部""御巫"①（或是它们的前身）以及其他的一些古老形态的职官，或是律令制度下被"合理化"了的"所司"② 等人，但不管是哪种人，他们都是从属于宫廷和国家的被雇佣的"专

---

① 御巫，从事神事的未婚女性，属于神祇官。——译者注
② 所司，指官厅的官吏。——译者注

家"。其中的形态变化的历史，不属于现在我们要处理的问题。现在我们要处理的是，当我们说"一介巫女"的时候，这个"一介"凡人的特征从意义上来说具有怎样的深意。

在《将门记》中，我们已经知道，在将门号称"新皇"的时候，让不知身份、姓名不详的"一介巫女"①作为"八幡大菩萨之使者"宣示授予皇位的神意。这个巫女当然也是个既不从属于国家制度、也不属于宫廷的"一介巫女"。平安时代中叶以后，在动摇古代社会基础的事变频频发生的状况下，像巫女这样的人，不管是男是女、信奉何种宗教，都能够在社会上活跃着，这一事实在空也②的例子中、在"皮堂之圣"的例子中都可以见到。《将门记》中的"一介巫女"也是这种状况的一种关东的（边疆未开的）形态。

但是，这些情况都还没有蔓延至宫廷内部。而由这样的人来宣告宫廷之主的死亡，就更不可能了。而在《保元物语》第一幕的核心，作为主角登场的"伊冈之板"，则是既不属于朝廷，也不是国家体制内的成员，除去属于"熊野权现"③这一点之外，只是一个据说是"原来美作的住民"的、带有流浪者色彩的一介巫女。这样背景的一个人进入了"熊野"，获得了"熊野"巫女的资格，并最终在只言片

① 这里说的"一介巫女"，日文中写作"一介昌伎"，但在《将门记》中，"昌伎"一词旁标注的发音与巫女相同。有的版本解释成妓女，有的解释成巫女。——译者注
② 空也，平安中期的僧人。出家后游历各藩，投身于道路、桥梁、灌溉等社会事业，同时以京都为中心宣扬佛教，主张人不分高低贵贱，只要念佛就可得道。——译者注
③ 权现，指菩萨在日本化身而成的神。——译者注

语之下限定了专制法皇鸟羽的生命。[1] 同时，她也宣告了古代社会的终结和中世动乱的开幕。在这些事实之中，古代宫廷的权威被完全地踩在了脚下。这如果不是"颠落"又会是什么呢？"一介巫女"与末期的专制法皇的较量，以前者的完全胜利而告终。向着新时代中世的转换史剧就这样开始了。"太初有道"[2]，在这个国家的精神史上也是以这样的形式出现的。

以一介巫女与专制法皇的对照作为核心的戏剧中，或许也些许包含了一介弱小女子的话语与执掌权力的男子的对照。但比这更加明显的是从"垂帘之下"伸出"美丽"柔夷的、有优雅女性形象的如来，当通过巫女自己的"身体语言"翻译成人间的语言时，是怎样用了严厉无情的断言来面对专制君主的。其优美与其预言的残酷，其静淑的女性身姿与其含义的严厉都形成了鲜明的对比。这一系列对比构成了第一幕的剧变核心的内部结构。在这一系列的对极性当中，"伊冈之板"的"寂寥的"声调以及"含泪"讲话的神态，与预言的话语和内容中包含的断言的冲击力形成了鲜明的对照。《保元物语》中第一主题的核心部分所包含的内部构造大致就是这样的。整体而言作为大逆转历史剧的《保元物语》中，就像结晶形态相同的全体与部分的关系

---

① 正因为如此，分析阐明"熊野"的性格也是不可欠缺的课题，对此的尝试请允许笔者留待下次进行。

② "太初有道"，来自《新约》约翰福音书第一章的第一节。英文为 In the beginning was the Word, and the Word was with God, and the Word was God。意指在未有世界之前，神的语言（logos）就已存在，语言就是神，是神藉以创造世界及向世人昭示神意的媒介。——译者注

一样，在其第一主题的内部，也由其内部所包含的一群对极性和逆转来构成。这一群对极性创出了场面的多角度，而这些逆转则使得从一极向其他极的急剧转化成为可能，其中也出现了刚才所看到的、从一个巫女的灵媒动作向一个"戏剧"的飞跃——向采取了物语形式的历史剧的飞跃。在这一飞跃的过程中，就连具备权威的"名人"所写的歌也从"歌集"的世界中溢出，佛教经典中的话语也从"权门寺社"的"读经"世界中流出，而与一个流浪的宗教性预言者的舞蹈（空也等人）和动作（巫女·倡伎）相结合，带着冲突与不协调聚合在一起，这个过程同时也是描绘了整个社会复杂的历史变迁的过程。与秩序井然的一义的"通信体系"的再生产完全不同，其中存在着的，是异质的形式与异质的要素冒险结合成的一种带有生产性的"串线现象"。特别将之称为"诞生"的原因，也在于此。

（未完）①

---

①　日文版原书即有此标注，作者在后记中有说明。——译者注

对吉田松阴的精神史意义的考察
——《吉田松阴文集》书目的编纂理由

一

　　在这一套丛书的整体分配中，吉田松阴①一人就独占了一册，这样的分配是否妥当，对此我是持有一些疑问的。比如说，渡边华山、高野长英、佐久间象山、横井小楠、桥本左内这五个人物才集成一册，光是考虑到这一点，对吉田松阴的如此安排恐怕就令人难以首肯

---

　　① 吉田松阴（1830～1859），日本幕府末期的志士，长州藩出身，曾师从佐久间象山学习洋学，并精通兵学，学习洋学和见闻的增长使他立志留学欧美。1854年美国人马休·培里率船来日签订条约，吉田松阴密谋潜入培里回程船只前往美国，被发现而入狱。出狱后开设松下村塾，后来明治维新的功臣伊藤博文、山县有朋等人都是其门下。最终在安政大狱中，被处死刑。著作有《西游日记》、《讲孟余话》、《留魂录》等。——译者注

了。如果说对于思想史上的真理，也需要考虑到亚里士多德所说的"分配的正义"，那么不得不说在这个分配当中确实存在着问题。但要解释清楚这个问题是什么，却不是我这个不参与分配的人应该处理的课题。更何况，对于在今天的文化状况下负责松阴这一卷的编纂工作，我的态度始终是消极的，因此也就无需表现得对这样的问题也有深究的热情。在此我想说明的只有一点。那就是，"吉田松阴"这个名字确实具有把其他历史人物都比下去的知名度。假如对于日本历史上的人物做一个谁最有人气的投票的话，恐怕松阴会拔得头筹。如果松阴所得的票数到不了被他尊称为"吾师"、尊崇备至的佐久间象山票数的五倍，那么这套丛书的分配就算不上正确。不过，松阴确实在从右到左的各个立场的人中间都有很高的人气，右翼对于他"尊王攘夷"的民族主义深有同感，而左翼则对他改革的热情不吝敬意，既不属左翼也不属右翼的人也难免对松阴的纯真产生亲切与同情之感。

确实，松阴终其一生表现出来的殉难的态度，典型地显现了某种精神的集中的强度。而且每逢失败与挫折，这种精神的态度就愈加强韧，几乎可以说是一路高歌猛进地直达了安政大狱①死刑的终点。看到他的这一人生轨迹，尤其是看到他在临近末路时内心的紧迫和觉悟

---

① 安政大狱，发生于安政时期 1858 年至 1859 年间，是大老井伊直弼镇压尊攘派而兴起的大狱。尊攘派主张尊王攘夷，反对当时以大老井伊直弼、老中间部诠胜为主导的幕府未经天皇敕许即与美国签订《日美友好通商条约》，反对幕府确定的将军继承人。安政大狱镇压公卿、大名、志士等共百余人，吉田松阴此前就因批判幕府而获罪入狱，本来只获没收财产并流放的惩罚，但他在狱中又自己供出之前曾计划刺杀老中间部诠胜，终被判死罪，于 30 岁被斩首。——译者注

的彻底时，我也在其中看到了人类精神所达到的一个极限，在"阴气逼人"之感的同时，也有一种难以名状的感动。

但是，吉田松阴在古典的意义上来说绝对称不上"思想家"。如果把某人的作品独立出来、对于任何时代而言都具有一定的普遍意义作为"思想家"的要件的话，那么松阴的确很难被称作思想家。他不仅没有这样的作品，而且使这种作品得以产生的精神基础——即"对世界抱有一种彻底的考察的态度"——恐怕在他身上也并不具备。这是他区别于佐久间象山的重大不同。这在松阴的密航事件中，两人判断方式的不同、说明方式的不同上都如实得到了体现（对此读者可自行探讨）。松阴不是考察型的人，而是行动型的人，不是条理型的人，而是气概型的人，他在所有的事情上都不善于与之保持距离，而是擅长直接进入状况的中心。因此，他所写的并非是成体系的著作，而是他目前的方针、是他对状况做出的反应、是对人们的劝说和忠告，总而言之，是直接表露了他的精神状况和行动方式的作品。在这个意义上，他并没有可称之为"代表作"的著作，而正是这一点又恰恰是他的特色所在。他所写的东西全都带有个人自传的性质，但是这种自传性的文字，与老成之后坐在安乐椅上写就的、所谓维多利亚式的"自传"却是意趣完全相反。松阴的历史是失败的历史，在失败的现场记录下自己的失败，这正是他文章的特点。正因为如此，在他的作品中充溢着现场感，也正是因为如此，越是读到后来，到了临近终结的千钧一发的紧要关头时，越是有种深深的感动。

松阴没有代表作，他短暂的一生就是他唯一的代表作。尽管按照他自己策划的许多个"事件"，可以将他的社会生涯分成几大阶段，但也依然是一段一段地向着"死刑"一路迈进的一生。他这不满十年的社会生涯，是一部由许多个"章节"构成的著作，包含了导入部分、展开部分、停止部分和急转部分，以及始料未及的急转直下的最终章节。其中，导入部分是什么、展开部分是什么，以及停止部分、急转部分各是什么，在这里不予说明。要想划出几个段落，不待说明就可做到，并非难事。但是，其最终章节并没有"经典著作"里那样的有条理、有秩序的"结论"（kosmos①），反而是在最后，成为转向下一个时代的、极具状况性的、极其可怕的情节的轨道岔口，这就是他的最终章节，对于这一点至少应该给予最小限度的注意。

吉田松阴唯一一部代表作就是这样一部作品。正因为如此，自明治以来出现的大量的——多到了过多的程度——论述松阴的著作中，可称之为杰作的少数论著都采取了对松阴的社会性活动做传记的写作方式。这里我举两部杰作的例子，一个是众所周知的德富苏峰的《吉田松阴》（包括初版和改订版在内），另一个是关根悦郎的《吉田松阴》。前者的作者是历史学家德富苏峰，他对维新以来建国事业暂告一段落、维新史的省察成为时代精神课题时的变动的时代状况的特征以及承担此状况下时代课题的人们的特质有着近乎天才般的精准把握。而后者的作者关根悦郎，则是在日本被军国主义一步步拖入第二次世界大战、在国内"昭和大狱"的白色恐怖下坚决果敢地进行抵抗的共产主义者，在本书中不仅体现了他对专门史学者的成果以及明治

---

① 希腊文，指秩序，并进而带有包含秩序与和谐的宇宙或世界之意。——译者注

史家（比如福地樱痴）的遗产的充分消化和吸收，还可看出他对战前共产主义者特有的世界史视野的充分运用，以及对权力压制进行抵抗的立场的坚持。另外还有一些对松阴大大小小的事实进行切实研究的著作，如广濑丰的《吉田松阴研究》等，使我们了解了许多前所未知的事实，当然也是非常重要的研究，对这种扎实而且彻底的研究态度应该奉上我们的敬意。但如果是就松阴悲剧性的一生所包含的历史意义以及他所体现出的悲喜剧的精神意义来说的话，只有上面所举的两部杰作才真正作出了鲜明的刻画。

但是，不管这两部杰作的作者怎样承担着时代的精神课题进入了对松阴的研究，假如他们采取的是"对《讲孟余话》的思想构造的分析"的方式展开松阴论，或是不依赖任何别的、仅以"作品论"的形式抽取出松阴的"思考方式"的话，那几乎可以肯定的是，这样的杰作是绝对不会出现的。与此同时，如果仅仅是对松阴的经历做些个人传记式的记录，那么几乎也可以断定，不管记录得有多么详细，也绝对无法鲜明地描绘出"松阴"的意义。不少实例已经证明了这一点。如果仅以思想研究的形式去把握松阴的思想，或是把松阴的存在作为个人化的事例进行记载的话，那是绝对无法展现他的存在及其命运所拥有的意义。他是一个彻底的状况性的存在，如果不把他放在状况中去观察，就根本无法看清他的历史意义以及他所体现的某种普遍性精神的意义。他的思考丝毫不带有思考本应具有的成熟，他的行动方针在手段的思量上也几乎从来都是轻率的，但在这一点上也正体现了他所处时代的状况性的特征。

关于松阴为什么以及怎样成为这样状况性存在的，这里将省去详细的说明，仅提示一点。对"状况性的"一词所包含的符号学的意义，这里稍作说明。"状况性的"这句话展现了所有"制度性事物""具备形状的东西""常数"悉数崩溃、消失的社会状态，能够对于社会性的行动做出预期反应的"秩序性的关系"，已从社会中消失不见，而"变数"之间相互的、不可测的冲突和结合成为社会的主要动向，这就是"状况性的"社会状态。讲到这里，脑海里马上就可以浮现出以下的一系列事件。幕府制定了自己的计划、方针，带着自己的期待及预测，实行了一系列的"改革"，试图挽救行将崩溃的德川社会，这些努力的最后一步是"天保改革"。而在"黑船事件"① 发生之后，幕府相当于在实质上放弃了自己作为统一权力的决定权，竟与京都的朝廷和诸侯共商"当何以应对"的问题。此事一出，舆论喧沸，开始出现了试图对幕府的权力中枢如做脑外科手术一样加以改动的动向（继嗣论），之后幕府则以"安政大狱"强行加以压制、镇压沸腾的舆论。"安政大狱"是作为"政府"的幕府权力亲手以直接的、法庭审判的形式所进行的最后的政治犯审判。"安政大狱"结束后五个月，大老井伊直弼被暗杀，从此就进入了暗杀、袭击和烧打事件喷涌而出的时代。要了解状况性的社会状态，就要马上想起这些事件。其中清晰地体现出政治层面上的"制度性事物""具备形状的东西"是如何

---

　　① 德川幕府曾实行长期的锁国政策，只允许中国和荷兰两国的贸易船只登陆日本。但后来发生过几次欧美船只登陆日本海岸的事件，这些欧美船只因多为黑色，因此被称为"黑船"。但史书上的"黑船事件"是专指 1853 年美国人马休·培里所率船队登陆日本浦贺的事件。此事件加速了幕府统治的灭亡，是日本近世史上的重大事件。——译者注

走到尽头，并急速地带着吱嘎声走完最后一程的。"天保改革"是幕府进行的数次"改革"的最后一次，它意味着作为统一权力的幕府在这当中已失去了"改革的能力"。试图重建行将崩溃的幕藩社会而进行的数次"改革"，姑且不论其成败如何，但都表明了作为"统治者"而言不可或缺的、有计划的"改革能力"（也就是所谓的"可能性的技术"）在幕府那里还是多多少少存在着的。或者说这些改革表明了幕府依然还抱持着想拥有这种能力的愿望。如果是这样，那"改革"尝试的最终失败，则象征性地表明了作为统治权力的幕府已经不再成其为"统治者"。"天保改革"表明，幕府虽然一边在制造"蛮社之狱"①、大行弹压之举，但同时尚能表现出对"开拓并实现可能性的技术"的追求，但"天保改革"是其最后的努力，幕府终于首先从其政治权力当中放弃了"统治"的动机。在开港问题上，幕府已无能力自己做出决定，而是求助于京都朝廷和各藩的诸侯，这无异于向天下昭示幕府已经丧失了作为"决定者"的自信，不得不仰仗于古老的亡灵般的存在②和传统的既有地方势力做"决定"。这无异于对实质性的"决断权"的放弃，也是以事实昭示天下：曾经"统合"了各路势力的幕府权力也已经丧失了其"统合能力"。幕府就这样把采取自由

---

①　蛮社之狱，指 1839 年幕府对渡边华山、高野长英等兰学者的言论压制事件。此事发生之前，致力于学习西方学术、寻求新知识的潮流已经兴起，这被因袭守旧的国学者轻蔑地称为"蛮社"，渡边等人是其代表人物。1837 年，美国船只护送漂流到外岛上的日本渔民，前往日本并寻求通商，高野等人批判幕府处理不当，反对盲目闭关，这是招致后来蛮社之狱的导火索。最终渡边被判禁足，高野被判终身监禁。——译者注
②　指天皇和皇室。——译者注

的政治行动的权力拱手相让于亡灵般的存在和地方各路势力，做了诸
论沸腾的点火者。在此情况下，当然会出现"浮浪之徒"活跃的舞
台，而幕府已再无"统治"他们的力量。若要挽狂澜于既倒，所剩者
唯有一途，那就是恢复事实上已丧失的统一权力，敢冒"违敕"之名
果敢独断地作出决断，"消除于我有碍者"，以此作为挽回幕府颜面的
最后一搏。而"安政大狱"正是幕府在其权限范围内履行对政治犯的
庭审手续的最后一次努力。幕府已不再是"统治者"，也不再是"统
合者"，仅仅作为"判刑者"，徒具"法律上的形式"，这是政治权力
极其缩小后的最后形态。虽然它还未到暗杀机构的地步，但也不过是
个赤裸裸的"权力机关"，这就是当时的政治权力的形态。而天下的
政府变成了一个纯粹的"权力机关"这一事实，反射性地直接导致了
各种赤裸裸的物理性的势力相互激斗的天下大势。失去"统治"，失
去"统合"，也失去了"决定"，甚至连"处刑的形式"也不再具备的
这一急速变化的过程，就是"状况化"，其最后的结局也就是完全的
"状况性社会状态"① 的实现。在此我将附加一句，在经历了这一惊
人的、状况化的极致状态之后，从中产生了要克服这种状况的动力，
以"奇兵队"② 和"联合"计划为象征，出现了一些新的打破原有的

---

① "状况性（的）"是藤田本文中一个非常核心和重要的关键词。他不仅有
"状况性的社会状态"一词，还有一个词和它结对出现，即"状况性的存在"一词，
用来指吉田松阴。藤田说的"状况性的社会状态"指的是处于不断变动的社会状态，
原先的秩序已经崩溃，而新的秩序尚未形成，存在着诸多可能。——译者注

② 奇兵队，幕末时期在长州藩组织的非正规部队，采取自愿原则，打破了身
份的界限，由下级武士和豪农商人中的有志之士组成。在后来的长州征伐和戊辰战
争中发挥了重要作用。——译者注

隔离和界限的横向结社，这成了新的社会构成的核心。

但是，"制度性事物""具备形状的东西"以及"常数的东西"不再存在于社会的核心，"变数关系"开始支配社会，这种"状况化"并非仅仅出现在政治社会的领域，在思想史的领域也可发现"状况化"的急速进行。德川时代最后的意识形态"水户学"本来具备严密完整的"理论体系"，但经安政大狱之后迅速地彻底瓦解崩溃；也正是在这一时期，江户时代所产生的、曾经以各种各样的形式分散存在于各个地方的所有的"学派"，也完全丧失了学派本该具有的条理化秩序性（也可以说是理论上的首尾一贯性），最终化为废弃的屡屡残片。话讲到这里，德川社会中作为社会支柱存在的"身份制度"亦将难逃此覆灭之命运，也就显而易见了。一直以来，人们常常在探寻明治国家形成的前提条件时过于急进，而没有进入到幕末诸动向中、这一巨大崩溃的过程内部进行充分的省察，因此对这一点必须予以高度的、有意识的关注。"安政大狱"是幕府行使的最后的"政府形式"的权力措施，而幕藩社会的各领域也在此事件中完全地丧失了"固定的形状"。

吉田松阴生于天保年间初始，从"黑船事件"的前夜开始展开其社会活动，由于被卷入了状况化下最后一个可能性的"安政大狱"事件，从而走完了其短暂的一生。在这短短几年的时间里，吉田松阴走上了一条与幕府的方向截然相反的道路，但同时又保持了极其律己克制的姿态，并不顺畅地走完了他曲折的一生。幕府是彻头彻尾地被迄今为止的"走势"缚住了手脚，一步一步地选择了新的自灭的手段，而吉田松阴则完全相反，他是在一点一点地违反并打破历史的"走势"，从而导致了自己的毁灭，而他自己的毁灭也成为社会的决定性崩盘的象征。而且，他的"违法犯罪"行为常常是通过愚直的遵守纪律来做到的。即便因脱离藩籍的"流亡"之罪而被剥夺士籍和家禄①，也依然不忘对长州藩克尽忠义，即使因"密航"事件而入狱，也继续保持了对幕府的忠义之心。他冒犯、亵渎、违反了法律、习惯和规则，但又对在这些制度下建立起来的物事存有无以类比的忠义之心，这二者之间形成了显著的矛盾，但又在他一人身上同时并存。对于这个矛盾，他个人化的解决办法是"谏争"的哲学，也就是说，自己自觉做出的违犯行为是为了行忠义而做的。他以这样的循环在哲学上加以解决，即君主身边有一群掌握体制大权的奸人，因此才陷君主于不忠不正之地，但对这样的君主可通过"上书"和"谏言"加以谏正，也必须用这种办法加以谏正，他认为这样做才是对君主真正的忠义。但是，在实际上，"违犯""克己的忠义"和"上书、谏言"的循环没有产生圆满的解决，而是反过来导致了这个循环的扩大和重复生产。违规犯纪的结果是从"臣"的地位上被流放出去，这样的人如何能拥有在君臣关系的社会里"谏议大夫"的权利和资格呢？不仅如此，硬要如此行事则无异于新的冒渎行为和违规犯纪的开始。松阴也意识到了这一点。他为自己的"上书"所起的名称是"将及私言"

---

① 1852年，吉田松阴与在异地的友人约定同游日本东北。当时的日本处于封建社会，诸侯林立，各藩自成一国，藩与藩之间不能自由往来，要在诸藩间移动，需要通关文牒，否则就是脱藩，即脱离藩籍成为浪人。到了松阴与友人相约出发的日期，他的通关文牒仍未下来，但为了不误与友人的约期，松阴未等拿到文牒就出藩，从而脱藩，回到江户后被问罪，受到了剥夺士籍和没收世禄的处分。——译者注

（确实将要说的是私言），而且他没有把自己的上书当作通常的"士"的行为，而是看作"猛士"般的行为，在这些事情上都体现了本性重律仪的松阴是如何为此而苦恼的。对于这一点的自我意识，也就是说以一个不具备谏言资格的人却以谏臣的身份谏言，这一自我矛盾的意识，终其一生存在于松阴的内部。一方面，为了使这一行为正当化，他以无比的激情广泛地涉猎历史上"谏臣""谏死"的事例，另一方面，他也认识到若是执意如此做，自己将无可避免地成为越来越脱离"士"的常态的"猛士"。这种自觉（也可以说是自认为的观点）发展到后来，"猛士"的激昂之情终于在大狱前夜的状况中喷薄而出。一方面，对于妨碍"真正的忠义者"行忠义、也妨碍各级君主对自己上一级的君主尽忠义的那些"奸人"，他产生了"天诛"的想法；另一方面，也在他脑子里留下了以"谏死"——这个谏言循环的终极点——来最终达成"忠义"之举的想法。不，甚至"谏死"这个形式也要被超越，他就是想以一己"微躯"的"死亡"来证明自己是"忠义"的。在这个时候，甚至连"对谁尽忠义"这个问题都不再那么重要了，他的忠义哲学到了这一步想要向内心收敛为无情的零。本来，他的忠义哲学认为，武士要对他的君主即藩主尽忠，藩主要对他上一级的君主即幕府尽忠，而幕府则要对"天朝"尽忠。这样，自己直接侍奉的君主都对更上一级的君主克尽忠义，这才是真正的忠义。他的这种忠义哲学虽然试图以忠义的回旋将整个世界囊括在内，但如果这种回旋一旦出现了龃龉，就会认为一定是"君侧"有"奸人"阻碍了忠义自下而上运行的通道，所以一定要找出"君侧之奸人"，除之而后慷慨。他企图袭击间部诠胜的计划等，在一定程度上都在他的忠义哲学内部有其发生的种子，而幕府本身也就有可能被看作"天朝"侧近的"奸人"。而忠义自下而上行至的终点——"天朝"——应该对谁尽忠义，这个问题在松阴心中从未被思考过，这表明他对忠义对象的根本的追求自始就是欠缺的（松阴对毛利敬亲的极端的个人忠诚可以与此并立。因为，对忠义对象的考察会同时设定忠义的客观标准和限度，但极端的个人忠义心会带有一种与恋爱无异的无制约性）。松阴是个绝无仅有的忠义之士，但事情不仅如此，这也是他试图以此忠义的回旋将整个日本囊括在内的忠义哲学的致命弱点所在。正因为如此，他那没有客观边界的忠义最终不再是对某一具体对象的忠义，而是变成了对笼统的整个天下国家的忠义，成为了一种爱国者的精神态度。① 但是在另一方面，一旦这个忠义的回旋看来趋于绝望的时候，

---

① 松阴在理论的层面上形式极其陈腐的"爱国的态度"，不仅如本文所说的那样与他的忠义哲学难以分割地结合在一起，而且还深深地与他的"夷狄"哲学相结合，关于这一点需要做些简单注解。他对"夷狄"的思考，也包含了他的忠义哲学中同样存在的问题。"中华"与"神州"（幕末的日本学者称日本为"神州"——译者注）有何不同、有何重叠，"神州"在多大程度上以及如何才有可能变为"中华"，这些"夷狄哲学"得以成立的根本前提性的问题，都不是他所要追问的。而作为此事的反射，在他身上也并不存在把"夷狄"看作文化上的"野蛮人"极尽蔑视的态度，反而混人对包含了"狡智"的文化力的恐惧及某种尊敬之感。他不是建立体系的"思想家"，而是状况性的存在，因此能相当程度地从"体系"持有的自我中心的妄想中解放出来，所以他才会这样。也正因为如此，他的"攘夷"的实质，不如说是对（在他看来是）在历史的"走势"面前犹豫不决地采取追随态度的幕府的反对，他采取的是德富苏峰所说的"敌忾的态度"，即欲在"信义"和"武备"两个方面与之相对决（也可以说是直接面对）的精神态度。正因为他的"夷狄"概念作为夷狄哲学而言的不彻底性，才反而在实质上走向了一种与自我表现的"中华意识"的权化有些许不同的"爱国的态度"。这与乔治·奥威尔的"爱国的态度"定义比较接近，它是张扬的"民族主义"的对立面，尽管这种接近是某种程度上的。奥威尔所定义的"爱国的态度"，是指当试图对自己所属的生活方式从外部加以侵害的人出现的时候，为了防御而与其进行对决的一种"对于生活方式的爱"。在松阴身上就存在着与之相类似的东西，它以朴素的形式存在着。当他为了履行与友人的约定，宁可犯下"亡命"之罪也不愿对东北旅行的出发时间作出更改的时候，他所想的是如果改

就会出现忠义向个人内心的收敛，到那时，就"天朝也不需要，幕府也不需要，君侯也不需要，仅此六尺之微躯，要尽忠义已然足够"。①忠义本是君臣社会里的现世伦理，但到了这一步就丢弃了其现世性，具备了几乎像宗教一样的超越性。因为他的忠义不是针对超越性的价值，因此不会变成有客观形态的宗教，但是在吉田松阴的内心里，却的确采取了宗教性的功能形式。当他遭到周围整个世界的背叛、却在

（接上页注）期可能会让别国的人认为"长州的人不守约"，会对长州的名誉造成损害。他这样的思考，就是因为他把自己当作了某种生活方式的代理人。感到自己是某种"生活方式的代理人"，是曾有过国外生活经验的人几乎一定都会遇到的一种情况，但是从这种"代理人"的立场出发，不是走向张扬的"彰显国威"的方向，而是把自己的立场与"信义"等其他普遍的标准相结合并置身于其中的时候，就会产生奥威尔所说的那种"爱国的态度"。在松阴的"流亡"事件中，对于本可以更改的出发日期也不作改动，在这近乎迂腐的选择之中所产生的就是这样的态度。在松阴施之于整个日本范围的"敌忾精神"中，也贯穿了与此时同样的感觉。从他在神奈川条约签订之后对待条约的尊重以及对下田美国船员礼数周到的态度中，清晰地体现了这一点。但是，当他一旦采取了理论的形式，变成了"夷狄"哲学的时候，奥威尔所说的具有高度自觉的反民族主义的爱国态度就不再出现，而是强行带上了"夷狄"这一词汇所包含的意味。正因为如此，他有的时候也会作为空想战略，想要建立一个将"满洲"和"朝鲜"统统席卷在内的空中楼阁。在这个意义上，松阴的"夷狄"哲学在他的朴素和特定状况的条件支撑下，具有"爱国的态度"的一面——而且甚至做过"横议·横行"于国际的尝试——同时也包含了与后来的张扬的民族主义相连的一面。在这两个契机当中，哪一个应被我们作为与普遍性相连的东西而采纳，应是非常明显的。

① 松阴曾有"天下乃一人之天下"的言论，由于常被作为他"政治理论"的分水岭的体现，因此极为知名。这一言论在一种论争的热情下被阐发，正表明了此命题所包含的精神倾向是与他"不吝区区微躯"的忠义的内在收敛相对应。也正因为如此，当把这一容易引人注意的命题摆在政治教义史和政治理论史的平面上时，如果是因为一眼就注意到了它那表面上的"划期性"，尽管并不喜欢，也因此让它作为松阴思想史和精神史演出的代表，我想那是过于浅薄的做法。

说"一人之天下"时的"一人"，从本文的叙述中也可明了，因为在客观上是无限定无制约的，所以作为在社会上收敛的圆心而言，实际上只能对既存的、现存的或新来的某物作为"反存在"而发挥作用。对此，尽管还是存在着相当异常的成分，但"不吝区区六尺之微躯"，却表现为一种为了某事可将自身这一确定的存在抛舍的明确的精神姿态。在这个意义上，那是极其具体又抽象的形象，因此才会成为代表性的事例。

孤独中愈发坚信这种忠义的时候，这种本来与宗教似是而非的忠义，终于在松阴临近终末之际，在他身上展现出了一种获得了宗教的内面性和超越性的罕见的精神活动。当我们看到只有极其愚直之人才能罕见地写就的这一精神篇章的时候，难免不会深受感动。

但是，松阴这种政治性的——也就是现世性的——忠义的社会概念分崩瓦解，一味地向他个人的内心世界收敛过去，也无疑意味着成体系的意识形态的解体，松阴所信奉的为身份制幕藩社会这一忠义的阶层秩序提供根据、赋予理由的意识形态在这里当然烟消云散。而且正是通过他自身的政治行动以及将忠义向他自己内心世界的收敛，松阴亲手推进了这一意识形态的解体，这与他的行动自己破坏了他所信奉的制度及形式的经过是完全对应的，虽然，他所做的违规犯纪行为以及他对于解体的促进，都与他本来的期待相悖。所以在这个意义上，他的这些行为也带着违背自己而形成的重负，即便是在结果出现之后，他还是老实地深信在他原本所信奉的物事中还依然蕴含着某些真实。这种大胆的违规行为与无以类比的守规矩在他身上同时并存，这就是创造出他不断加深的自我矛盾的核心所在，也是构成他悲剧及喜剧形象的根本契机所在。

这种情况也体现在他对"学问"态度的推移上。他对学者们"不思考的毛病"的再三批判，也是针对了体系化的理论家们学问日益空疏的问题。而他自己却在各种"体系化的学问"中寻求"与真的相遇"，并终其一生从未怠于他那广为人知的勤奋学习和勤勉摘录的工

作。一方面，他不知该在"兵学"和"经学"① 二者间择何而学以至
"方寸错乱"，另一方面又在弃"经学"而选择"兵学"之后，却在实
际上同时抛弃了作为"实学"的传统的"兵学"，在接触到"阳明学"
的时候，也只是因为这一学问的"真"的部分与他自身的"真"相契
合这个理由才对其做出好评，除此之外并未给予更高的评价。他对佐
久间象山非常敬仰，但也没有读完哪怕一本荷兰语的书籍，在他思想
的核心部分，几乎可以说没有从象山那里学到一点东西。松阴只是选
取他自己喜欢的部分，并迅速地付诸实行而已（导致他密航事件的最
初根基，早在他在平户读书的时候就已在他内部形成了）。松阴为了
寻求值得确信的东西而纵横于各种学问之间，一旦找到了确信，就仅
仅为了使自己愈加确信而读书、写作。他一边对"学"和"思想"的
体系性、结构性持无视和冒渎态度，一边又保持着对"学"的忠实，
勤勤勉勉地做着抄录的工作。从中产生的是一种主体性近乎过剩的读
书态度，也可以说近似于一种恣意的理解。但是，这一恣意不是明哲
保身型的恣意，而是反过来，是寻求舍身的确信的一种恣意，因此与
那些固执于已丧失了真实性的空洞体系的诸"学派"的大家正好
相反。

就这样，德川的幕藩社会已经在政治、社会和思想的各个层面上
出现了整体性的崩塌，而吉田松阴除了一点并不成熟的预感之外，对
此毫无任何的先见、洞察和预测，他就在这样的状态下无比忠实地活
着。他的自我矛盾、他的苦恼和焦虑是这个急剧崩溃的时代的矛盾、

---

① 经学，指研究四书五经等经书的学问。——译者注

苦恼和焦虑，他毫无遮蔽地体现了时代的痛苦。在这一点上，他与千方百计想要遮蔽时代问题的幕府和藩政形成了鲜明的对比。通过这样的行为，松阴使历史剧变的悲剧性最终变成了自己的悲剧，历史在转换期所带有的不协调的喜剧性的侧面，也在他没有充分意识的情况下反映在了他自身稍嫌滑稽的行为模式之中。他在政治行动中的失败与挫折，是他作为历史变动的体现者的最大成功；与之类似，在思想层面上、在所有的"理论体系"行将崩溃的时代，他自己不成熟的理论能力和老实的勤学态度却反而体现和代表了思想史解体的时代；在身份制度崩溃的社会史的时代，他自身无限定的"志向"，甚至会使他在押送囚车的车夫身上发现"志向"并向之报以亲切和敬意。在根本的意义上，他自己对武士身份的存在理由一次都没有产生过怀疑，但他依然代表了社会制度转变的时代状况。在这一点上，他与后来成为从内部克服状况化时代的要素——"奇兵队"以及成为维新的重要精神基础的"四民平等"方向有着内在的关联。

以上所做的是非常粗线条的勾勒，不过情况也大抵如此。如果要理解松阴是何种存在以及其存在具有何种意义（也就是理解松阴的"毕生工作"），那我们就必须把他打出的旗号即"尊王攘夷"的口号以及他的"理论"化的外在表现等等，统统作为状况的一个变数来对待。并且如果可能，应该尽量地把这些置换为变数中的"X"来解读。只有这样做，才能够对充满了变幻和各种可能性的幕末精神状况——"尊王""佐幕""攘夷""锁国"和"开港"五个现成的命题相互交错，因而使"尊王佐幕""尊王攘夷"……"锁国的攘夷""开国的攘夷"等十个旗号的组合在理论上成为可能——的历史特殊性有更加深刻的了解，也只有这样做，才能进一步发现隐藏在松阴那表达得并不充分的旗号和不成熟的理论背后如影随形的普遍意义。这种普遍意义的表现之一，就是不怕触犯忌讳的"提出异议"的精神，表现之二则是打破虚妄的团体归属意识的"处士横议·自由横行"。为慎重起见，对这两点需要做一些说明。首先要说明的是，作为松阴的一生中所包含的普遍性意义，对于他"提出异议"的精神，不能仅仅从"谏言"和"谏争"的重要性上去理解，因为"谏争"这一行为本身是以君臣关系的存在为前提的。对于造成了松阴局限性的、有历史特殊性的思想，我们是不应原样继承的，因此就必须在更加公平、更加对等的基础上，理解并再现松阴奋斗的含义。本来，对于普遍意义的理解也必须靠再生的创造性才有可能。对于"处士横议·自由横行"也有一点需要说明，所谓的"横议·横行"并不仅仅意味着跨越藩的界限横向延伸，还意味着要超越阻断了社会上下沟通的纵向"绝壁"进行自由的交流。松阴从驾车的车夫、佐渡的矿工以及"漂流民的供述书"中进行学习的态度，所体现的就是这一点。

只有用这种方式，才能真正理解松阴的意义，但在这之上，而且也必须在这之上，我还希望，在普遍意义之外，松阴这样存在的某些方面，能进入我们批评意识的内部，成为日本社会自我批判的一个组成部分。

二

既然松阴的"代表作"是这样一种风格，那么如果我们要从他留

下的文字（其数量是相当庞大的）中选取一些辑为一册，以粗线条的
方式对其曲折的"代表作"勾画出一些可识别的轮廓的话，怎样做才
好呢？这可以有几种做法。事实上，松阴"著述"中那些重要度比较
高（或是被认为重要度比较高）的作品已经以一种比较容易操作的形
式被集中收入一册，《讲孟余话》等更是被完整地收入了文库本。既
然如此，为读者之方便计，采取一种与此不相重复的做法在此似乎更
为妥当。在数十年间，似乎已经形成松阴是个有体系的思想家的固定
看法，但是，如果要展现"状况性的"松阴的唯——部"代表作"的
状况性特征，就应该采取一种与强化此固定看法相反的做法，如此才
能建立更加逼近真实的一种对立均衡（counter balance）。

　　基于以上理由，本书所收录的文章主要是以松阴的"书简集"为
中心，再补充以旅行记录，此外还收入了几篇广为人知的文章，以示
本书与已经出版的松阴文集具有并存性。所以，本书的核心内容就是
"书简集"，而且，我心里甚至存有小小的遗憾——如果能够有机会重
新编辑一次的话，我将会更加积极、大胆地去做的——也是"书简
集"。众所周知，《吉田松阴书简集》早在战前就有了文库本，而战后
的几种《松阴集》中收录的书简也明显是以文库本为标准进行选取
的。但是，我认为在文库本的《书简集》中，对于了解松阴对状况的
反应方式、想法以及感受而言不可或缺的许多信件却并没有被收入其
中，所以进行一次根本性的重新编辑当然是必要的。本卷书就是为了
向此目标更前进一步而作。

　　在电报、电话尚未出现的时代，书信就是相隔较远的人们之间最
为直接的（在心理上也含有确认关系远近要素的）交流手段。"手书"

这一词语本身的语感也生动地表达了这一点。[1] 字里行间中所带有的笔尖的感觉，也可从书信中看出。在这一点上，书信这个词汇不仅包含了超越距离"握手""叩肩言欢"的感觉，同时也包含了由于所见并非真人而带有的焦灼感等感觉。在失去了"形状"、充满了剧烈流动的社会中激烈地从事社会活动的人所写的书信当中，既有超越了距离的"握手"，也有"惊异"的传达，有"争论"，有"告白"，有心底的"吐露"，也有对一切的"取消"……所有的这些令人眼花缭乱地交织在一起，文体上有时会在文绉绉的汉文中突然蹦出一句方言俗语，松阴的毕生工作（life work）就是以这样的方式展现的。而且，由于书信是对不同人所写，因而形式多样，风格不一，展现了一段段断片的样貌，表现了在那种时代状况下、人们活动方式包含的多样性以及不和谐的矛盾性。于是在进入他"代表作"的急转部分时，原本分散于各处的水流就一举汇集为同一个主题的激流，并迅即向各个方面进行排放。这种形式不仅出现在他生涯的急转阶段，每当致使其遭受挫折的"事件"发生之时，都可以在其书信中发现类似的形式。而这是仅在竭尽全力生存、竭尽全力面对状况的人当中才会出现的交流形式。

书信当然是一种记录，但却不是事物的记录，它是人的记录。尽管如此，它也不像照片和肖像画一样仅仅是对其人自身的记录，而是记录了与对方的关系，同时也记录了想向对方传达的"与世界的关

---

① 日语里的"书信"写为"手纸"，意为用手所写。作者此处所说的词汇本身的语感即指"手纸"。——译者注

系"。它是当事人的感情和心理的极其个人化的（私密的）记录，同时也是对人与人之间关系的记录。不仅如此，由于记录了与客观世界的关系，从而使"书信"带有一种包罗万象的性质。那是一种未分化的、原始的、全体的记录。书信中必然将写信人自身的感情、理解力、对他人的态度以及对世界的态度以某种形式粗放地体现出来。对于写信的人来说，书信的可怕之处就在于此，而对于读信的人来说，书信的有意思之处也在于此。在幕末日本的政治社会中，当"横议·横行"的先驱者们带着其理论上的未成熟与思想上的古旧，"不修边幅"地面对着新的状况，从自己思想的崩溃中体现出新的意义的时候，最能反映这一状态的，除了未分化的、作为原始的全体记录的书信之外还能是什么呢？可与之相提并论的只有手记，也就是《幽室文稿》。我把这些"文稿"，看成是准书简。但是，我没有做到更大胆和积极一些，从这些"文稿"中选出准书简的典型作品——那些有重要意义的内容——把它或是加入、或是接续附加到《书简集》当中，对此我至今仍然感到有些后悔。对于这套丛书"原则上不允许摘录"的方针，我虽绝没有作为金科玉律的必要，但这无疑也是负责松阴这一卷的我的消极态度的体现。

因此，对于从底本的"书简"当中选编的《书简选集》进行再次编辑，本书恐怕是做到了前进一步的，但是并没有做到以《书简选集》为核心、用"准书简"构成周围的筋肉、用"上书"和"时务策"等形成表皮构成本书的第一部（从页数来看也无法全部做到），甚至这种方向性也没有得以明确。所以在此必须加以说明。

但松阴还有另外一种类型的记录。那是对事物的记录、对书本的记录，这种记录在与人有关的场合下还带有对于对象的自觉，这种记录还典型地体现在他的旅行游记当中。当作为一个爱国者的松阴在国家濒临崩溃的形势下试图实现国家的重生时，他是从对作为"国之本"的"地"与"人"的实情的考察出发的，这为他赋予了对观察对象具备充分自觉的记录精神。当然，作为"兵学"者的素养也为他的探究"形势"的态度奠定了部分基础。在他的旅行游记中，从他对陌生的乡下用的是什么样的水车、是否利用堆肥等问题的关注中，可以看出他对民生及民政的关心，这些与一个对异国他乡感兴趣的乡下青年的老实好学混合在一起，表现了他与平民百姓相近的成长背景以及想要知道原初事实的一种根本性的记录的态度。正是由于对于原初事实的浓厚兴趣，他才没有埋头于日益空疏化的诸家学派之中，耽溺于纯理论的游戏，相反，他要在诸家学派当中探求原初的事实而"横贯旅行"。他曾说过，"读书之人，要将其一半精力费于笔记之上"。而事实上，他留诸身后的数量庞大的摘抄笔记，就是他"横贯旅行"的记录。不止如此，在他长期的监狱生活之中，尤其是在有感于江户监狱制度之完备时，对狱中生活所作的精细记录，表明他的记录精神并非寻常可见之物。虽然说只有思想犯才作得出这样的监狱记录，而且早在渡边华山的书信等文字中已然出现了这种记录的片鳞只甲，但是如此缜密的、而且是从内部所作的狱制记录，恐怕是过去不曾出现、将来亦不会多得的。比作为科学者的渡边华山远为精致缜密的狱记为什么会出自松阴之手呢？是由于他想把长州藩的狱制按照江户的制度进行改正之故。他对原初的事实的兴趣在这里被引向对于祖国的原初的爱，并使他在狱中发挥了比摄影机尤胜一筹的高超记录能力。而当思绪行至此处时，我们不禁会想，理论能力的成熟与否之类的问题，在此时已然不再具有重要的意义。在任何时候都怀有一颗朴素之心，对于自己朴素的关心与朴素的志向从来都认真地、毫不懈怠地努力，这种人能够胜利的原因就在其中。

对基础的、初步的"事实"的关注，在方法上特别成为问题是在原有的各种体系开始崩溃的时候。这是因为，无论是学问、理论还是体系，都必须具备一定的前提才能得以成立，可以无前提地——也就是无条件地——主张其妥当性的体系性事物是不可能存在的。所以，体系性事物的崩溃正意味着其前提条件已经不再成立，而也就是在这个时候，人们才会重返不需要前提而存在的赤裸的"事实"。在原来的诸种体系开始崩溃瓦解之时，"考证学"和"好事家"的倾向在世人中得以风靡，其原因就在于此。但是，吉田松阴并不是一个带有方法自觉的事实考证家。他毫不回避诸体系崩溃瓦解的状况，一方面苦闷彷徨地寻求着与自己的"心事相契合的东西"，一方面又在艰苦地战斗着，以非常笨拙的方式探寻着可以挽救天下国家的方法。正是在这种生存状态下，他对原初的事实做了多方面的记录。所以，他那迂腐的理论态度与记录的精神才能以一种奇妙的对照同时存在着。有着方法的自觉的考证，往往对于以往的理论先是带着推翻了重新验证的一种否定的动机来面对"事实"，这是作为"学问"考证的一种悖论性的"理论态度"。而松阴则与之相反，他是在以往的诸家学说当中始终寻求肯定的东西，比如，对于寺门静轩的流放等事的不置一顾，就是这种态度的一种表现。

在松阴的认真记录精神中，也体现了转变期的矛盾，在他对诗文的态度中也可以发现同样的现象。在现有的各种体系崩溃瓦解的时代，一方面，出现了对赤裸的"事实"的关注，另一方面，也出现了对"感情""志向"和"心情"的关注；一方面，这是对无法对空洞化了的体系产生共鸣的状态的一种反拨，另一方面，伴随着体系的崩溃，感性作为人类内部的一种原初性的"事实"也开始独立出来，并容易被感知。体系是把所有层面上的各种事实——包括内在事实的感性与外在事实的物的形象等——作为相互联结、统合的总体性事物来看待，因此当体系崩溃的时候，就像建筑物崩塌时用作地基的石头和其他基础材料独立并显露出来一样，感性这一基础事实也就难免不独立出来并受到重视。正是因为这样的原因，在崩溃的时期，社会的文化领域会首当其冲地出现"考证学"及"诗"化的态度，并开始重视失去了理论规定性的（位置的限定的）"志""气"和"诚"。于是松阴在通常的诗的意识之外还赤手空拳地爱着诗；与其说是爱，不如说是他在诗中寄托了自己的表达。如《东北游日记》，除去记录的部分之外，从构成上来看几乎就是"诗的游记"的汉诗版，只不过是特别好的诗并不多见而已。如果说他在其中所寄托的大部分是"慷慨之豪气"的话，那么他的诗作为文化形式而言并不完善就是当然的了。在《东征稿》中，他针对自己这样的一群人曾这样说道，"史上有一种人是被叫作笑社（不管碰见什么都只知道笑的人）的，而如我等之人也可以叫作泣社了"，如果对其中所包含的一定程度的幽默能力有所理解的话，那么这句话可以证明，他这股慷慨号泣的"气"是不会被诗所蒸发的。

于是，松阴在他的记录精神中寻求"奋起"的机会，对崩溃期

"事实"的注意和对"感性"的重视混杂在一起，并存于他的记录精神中。只有那些赤手空拳直面天下、不管是好是坏都不想成为特定专家的人，只有那些在这个世界上不想通过捷径一步登天的人，才能成为这种未分化的体现的代表；只有那些绝对不把为自己争取权力作为志向的天下国家主义者（希求大布忠义于天下，他的这种终难实现的忠义哲学就是以此为支撑的），只有那些不仅不谋求在现世的成功，反而对失败和挫折毫不畏惧并甘愿重复失败与挫折的人，才能忠实地体现着思想史的两极分解①，并且成为这种状况的代表。应该说，松阴的这种记录精神，以及那无法最终实现梦想的悲泣，只有放在他唯一的"代表作"的文脉中看的时候，其意义才在我们面前显现出来。

---

① 当体系化的事物崩溃的时候，不仅会分离出"事实"与"感性"的两极，而且会形成体系的象征性核心的终极"价值实体"，也会失去周围的支撑和根基而孤立出来，如断线的风筝一样变成可自由转用的"比喻"。在这个意义上，"两极分解"的说法并不正确，应该是"三极分解"才对，但由于与所收录的文章没有直接关系，故在此略去详细的说明。对于这种"价值象征"的"比喻化"的现象，松阴虽然没有任何明确的自觉并有意识地加以运用，但他却是整个地投身于这一状况之中的人。正因为如此，在上一节我才建议将松阴的"尊王攘夷"等主张作为变数"X"来对待。当把这一建议与此处的注记联系在一起思考的时候，就会明白这一见之下显得过于大胆的建议，绝不是单纯牵强附会的"现代的解释"。而且，在读到本节提到的两极分解的情况之后，会做出相应的联想，比如三极分解的情况在松阴以外的什么具体事例中有所体现，即对于曾是体系的核心价值的东西，能毫不畏惧、自觉地作为"比喻"自由转用的精神，在何处在谁的身上得到体现。这种人物虽是少数，但也是确实存在的，这种状况虽是部分，但也是确实存在的。

三

我不是喜好慷慨悲歌的人，当读到"我等之人应叫作泣社"之类的词句时我会感到厌烦。但是，在松阴身上，正是他这种悲剧的精神，才使得他超越了无数次的失败与挫折，一次又一次地走向以失败和挫折为结局的"事件"，这其中存在着与"命运"搏斗的悲剧性矛盾。"命运"是超乎人力所及的东西，当被命运包围和捆缚的时候，多数情况下人都会屈服并追随命运。但是战士不会这样做，他会一个人毅然地站出来，向人力难以抗衡的"命运"发出挑战，并付出全力与之对抗。正因为有了对手，所以难免会将"人"所具备的能力和无力同时悉数显现出来。当想到"命运"的强大、也就是条件极端困难之时，他也许会感到寂然，但依然要在此恶战中孤军奋战；当想到自己的这种内在必然性，他也许会感到茫然，但依然会重新思考自己的必然性（作为主观的形式而言就是信念）是什么，并毅然而然地向那强大的、非人格的对手再次发出挑战。在这种苦战当中，作为一个"人"的战士，会将人身上的各种要素——强大与弱小、勇气与怯弱、思虑与无思虑——都鲜明地体现出来，在这一点上，他是具有代表性的人物，而这种代表性人物的形象，就是悲剧所提出的"英雄"。所以这种"英雄"与所谓的"伟人"在范畴上有着决定性的差异。当然，他们也不同于常被这个世界看作是英雄的"成功人士"（伟大人物）。请允许我再重复一遍，悲剧中所描绘的"英雄"，背负着不得不与"命运"格斗的义务，他们在这个格斗的过程中会有代表性地显露人类的各种质素，同时，他们也是在这恶战苦斗之中苦恼困顿的、一个孤独的战士。因此，他们势必在这个世界中容易被当作例外的存在、被看作社会的异类，他们不同于"伟人"的原因之一也正在于此。一旦吉田松阴策划的行动遭遇失败，他就以与命运格斗的悲剧性英雄的态度，不改平素的贫寒，毫不夸耀自己，依然艰苦战斗；在经历了疲惫困顿、使出其所有的思虑和无思虑之后，仍然不懈地行动，甘受着现世中的败北、直至受刑死亡。

对自古以来的"英雄式的忠臣"，松阴不管其是"伟人"还是"功臣"，都素朴地报以崇敬。他的忠义哲学得以成立的一个原因也正在于此（对这个世上的伟大人物的忠实，就是忠义），在这一点上也显示了他的实态与他的认识之间明显的鸿沟。但是，在不断地遭受挫折、孤独之感愈来愈深的晚期，随着他越来越彻底地将其忠义向内心收敛，对于自身的悲剧性他也产生了一种难以怀疑的自觉。在他身上可以看到的、所谓的觉悟的彻底，不是别的，正是这种自觉的体现。到了这里，他终于成为与"伟大人物"完全不同的、本来意义上的悲剧性的英雄。正因为如此，他的成功之处恰恰在于他那失败的历史。

当对这种悲剧精神的自觉达到极致之时，从中反而产生了喜剧的精神。对于"命运"及"人"的格斗，以及"人"在这一格斗中的狼狈，如果一旦用超越性的眼光重新看待的时候，这一战斗的样态就可以被带着笑意来描画（或是作为应带来笑意的东西来描画）。在这种情况下，带着何种性质的笑，就决定着喜剧精神的性质和类型。既有嘲笑，也有苦笑；有稳重的微笑，也有愉快的哄笑；有带着嘲讽意味的机智（wit），也有俏皮的幽默；有笑自己的笑，也有笑别人的笑；

有战斗的笑，也有追随的笑；有看待整体构图的笑，也有缩小为部分的极点的笑；与"哭泣"不同，在"笑"之中包含了精神的全部样态，"笑"作为一种表达，可以复杂到如此的程度。正因为如此，最好的喜剧不仅可以作为"艺术"、而且可以作为精神的表达占据最高的位置，最差的喜剧则会极其无聊和低俗。最差的东西在某种方式下又可以推翻最好的东西，认真的喜剧演员在表演失败的时候，常常会走向残酷的自杀，这就表明了喜剧所包含的巨大振幅与微妙之处。喜剧精神有如此大的包容性，从而使松阴在对他的悲剧性有了彻底自觉的晚期，所到之处都能带着反省的笑，并获得某种程度的喜剧精神。在"安政大狱"的牢狱之中，他对年轻的友人（他没有把自己的门人当作门人来看待。这是他作为"孩子王"的真面目）说，"你们不要学我做傻事。我是有知己的君主，所以没有办法，我急着要向君侯（毛利敬亲）尽忠义，但你们应该眼光放长远些，徐图十年以后的事"。说这些话的时候，他表现出来的不仅仅是他原本就有的谦虚，而且还明显地带有一种喜剧精神，那是在以反省的心态意识到了自己的悲剧性之后，笑着来重新看待一个"傻瓜"的战斗的喜剧精神。也正因为如此，他才能够就自己的狱中生活与诸藩的有志之士进行交流，形成一个"横议""横向连结"的场，在其中发现"在狱的愉快"，并通过它得出了"天下之事自此将变得有趣"的展望，并在死刑判决下达之后作出了不用超越的眼光则无法作出的、井伊和间部"两权在近年之内必倒"的预测。以笑的余裕，带着趣味地看透天下大势，甚至自己的狱中生活也成了快活的"横行"场所。为了了解这到底需要怎样的精神上的超越，我们只需要联想松阴所处的是"连那样豪放的西乡隆盛都不得不选择自杀"的绝望的状况就足够了。松阴的预测能够如此地应验,这是第一次也是最后一次。第二年,"两权"倒台,之后"横行"之士大量出现。悲剧演员松阴在最后通过彻底演完这一悲剧的孤独行为,将反省的笑与眺望的笑——不管哪种都需要超越自己的眼光——转化为自己之物。在精神的成功意义上,失败与孤立的历史也意味着他的"成功"。

但是,这并没有一扫松阴身上本来就具有的、作为存在的悲喜剧性。比如在"密航"事件中,他并没有预备船只、甚至连怎么划船都不太清楚的情况下能迅速做出登上美国船的决定,并与同志开了送行会毅然前往神奈川。这件事典型地体现了他的目的与手段的不合拍,虽然最后他还是用兜裆布①与和服的带子绑住船桨拼命划并最终登上了美国船。在这一苦斗的彻底性上所体现的松阴的悲喜剧的行动方式,在"安政大狱"的审判过程中也得到了体现。对加诸于他身上的向宫中写匿名文书的嫌疑,他反问道"我为何要做不签自己名字的不负责任的投书这种事",在激愤之余,他竟然坦坦荡荡地自己交代了他的"间部谏争计划"(实际上是袭击计划)——说自己去京都就是为了这件事——从而获致"对公家不敬"之罪。幕府自己在审判中提出对幕府的"不敬罪",对于此举有何种意义——这一事例极具象征性的,它如实地展现了安政大狱是政府如何试图依靠权力来死守最后"尊严"的一次大赌博——的说明在此略去。但是,松阴的行为方式中所包含的、作为存在的悲喜剧性在这里又一次得到了很好的贯彻。

---

① 日本传统的男性内衣,用于遮蔽下体。——译者注

但是，我们不能因此而蔑视松阴。这是因为，这种悲喜剧性正是"状况化"的幕末日本的象征性的缩影。我们可以试着对"密航"事件中象山与松阴在认识态度上的差异的对照、在世界史的视野内重新认识松阴。将象山与松阴放在与幕府公职人员的关系中来看的时候，象山的思维更为绵密、坚实而且大胆，他对每一项计划以及行动都有着"通盘考虑后"的根据，与松阴的冒失恰成对比；在对幕府公职人员的问答之中，象山展开了滴水不漏的精彩的论战，这与松阴只要能确认自己的忠诚心就可以的态度全然不同。但是，为什么美国的船只会比其他国家的船只更快地来到江户近海，即便是在对天地间的万事万物都要拿出根据才能信服的象山那里，这样的问题也一次都没有在他的脑海中出现过，虽然在派遣留学生等问题上为达目的一贯勇往直前，但他却从未尝试过将当前现状的大局作为整体构图来理解。从原来的捕鲸地到后来贸易的交通要道，太平洋从 19 世纪 40 年代末开始经历了急速的转变，其结果是通过鸦片战争已经到达东亚的大英帝国反而被美国赶超——美国迫近了日本的中心。如果从世界史的动向上来看，原本对比如此显著的象山与松阴的区别，一下子就缩小到了大同小异的程度。当然，这并不是在说象山本人缺乏睿智，而是说当时弥漫日本整体的"仅仅四杯，也会夜不能眠"[①] 的混乱的盲目性，在

---

① 1853 年，马休·培里率 4 艘美国蒸汽船到达日本，逼迫日本开国，对日本长期锁国的状态造成冲击。文中所引的是培里来航后的著名狂歌（江户时代流行的鄙俗的滑稽歌），讽刺培里来航后幕府惊慌失措的样态，原文为"惊醒太平之眠的上喜撰，仅仅四杯，也会夜不能眠"，上喜撰是日本一种茶的名字，此处借指培里来航的四条船。——译者注

如此明智的象山那里也存在着。事件与认识之间的巨大落差，不是在象山的能言善辩中，而是从松阴笨拙的行动方式中，发现了人格性的体现物，松阴在这里又再次成为状况的体现者。在"安政大狱"中也有类似的情况存在，如果仅关注审判过程的话，很容易显得是松阴轻率的演说招致了他的死刑判决，虽然也确实存在着些悲喜剧性因果的荒谬，但是，实际上策划安政大狱并付诸实施的井伊的心腹（长野主膳、宇津木六之丞）早在前一年，就曾在梁川、赖、池内、梅田四人之外，特别关注过"此几人之外，长州名为吉田寅次郎者，既有力量，又善于恶谋"。而且，作为井伊的心腹，他们为了根绝"骚动之基"，已下决心"若无他法，即严加处置"。从这几点来看，奉行和吟味役①在法庭背后进行的全国规模的大型镇压（或整顿）的构图当中，松阴可能早就被列入了名单，是不太可能有免于"严加处置"之余地的。当然松阴对此并不知情。在毫不知情的情况下，就被和天下闻名的梅田、赖及桥本等人一起定了死罪，松阴的亲身经历明白无误地表明了"安政大狱"作为幕阁的最后一搏是如何要在全国范围内将危险人物一扫而尽的，即明确体现了这次大狱的性质和历史意义。对于他的悲喜剧性，如果是从个人的角度来看的话，确实有些令人难以评论，但是如果与状况联系在一起来看待，那它就是状况的无比忠实的"肖像画"。我要重复的是，使其成为可能的是他的质朴、愚直、彻底性以及对人对事毫不回避、正面面对的态度。

松阴自觉到的悲剧精神以及在充分贯彻这一悲剧精神的时候获得

---

① 江户时代，以让犯人招供、承认犯罪事实为工作的职务。——译者注

的高等的喜剧精神，向我们展示了当人充分地活着的时候，会给自己带来怎样的精神的成熟，而这成熟与他的能力与学识并无关系。而且松阴这种成熟的关键在于他在孤独中的行动。

当我准备要结束这篇文字的时候，曾经想过要将本欲收入《幽室文稿》中的准书简和短文列几篇出来，但当行文至此的时候，就认为已无此必要了。如果读者诸君想到的话，可以自己尝试着摘录。但在这里，我想从松阴为数众多的诗歌当中选取三首记录在此，以代替原来想列出来的那几篇文章。

听得渔夫窃私语，怀想泽边迷惘人（安政六年二月）

子规不鸣有谁闻，梅雨淅沥暗夜声（安政六年五月）

除却等候呼唤声的来临，今世再无值得等候之事（辞世）

第一首诗是松阴结合了《楚辞》中屈原的孤独忧思来阐述自己的情怀，第二首是对赤川淡水忠告的答复，两首诗都是在情势日趋反动的寂寥之中唱出了松阴的觉悟与宣言。第三首是在不久即将辞世的情况下写的最打动人心的诗作。作为诗歌而言——从外行人的感觉来说的话——第二首最好，然后是第一首。但是，贯穿这三首诗歌的有一个共通的东西，那就是孤独的契机。而这一契机，超越了他那有些糊涂的理论、难以实现的忠义哲学、对"夷狄"难以首肯的想法以及对于规则的过分遵守等等，是将那些使我们反思的真实在他内部进行结晶的最大因素。为什么这么说呢？因为这种孤独与那种单纯的感伤性的孤独完全不同，是包含了全社会的崩溃的东西。原有社会关系的全部，失去了与它借以确立的韧带连结，明显地崩塌分解；曾为这些社会关系提供根据的观念形态和意识形态也失去了连结的关节，化为枝节碎片，在这种崩溃瓦解的状况下，他在自己各种关系（君臣上下）的瓦解中经历了社会关系的瓦解，在自己思想形态的瓦解中体验了观念形态和意识形态的碎片化，在这种状况下生存的孤独，不是被他人隔离的孤独那样单纯的东西，而是被社会性的自己和自己的意识形态分离的那种孤独，因而是深刻的、痛烈的。将全社会的状况性一身承受的人的内面的深刻，就在此处，具体的例子在前述文中已有呈现。我在此处想说的是，有些人随意地脱离松阴唯一的"代表作"的文脉，摘出"不得已的大和魂"这样的语句，或是为自己以及己方的权力做防护，或是当作自己的"政治的热情"的证据，总之，那些试图借着松阴的知名度来增加自己的权益和评判的态度，是无视了这三首歌中体现的松阴的精髓，只顾自己方便地利用了他的变数，这变数不仅仅限于"尊王攘夷"。抛出"不得已"进行政治的宣传的人，不管是左还是右，都是对变数的任意利用。这果真是从历史中学习的态度吗？正是这种态度制造了关于松阴的虚假意识，使得他越来越成为名人（伟大人物）中的名人。这篇文章是想要对这种倾向作出稍微抑制、重新思考从松阴苦斗的历史中能够学到什么的小小尝试。

历史变质的时代

序

所谓的"明治时代"的确算得上是个名副其实的时代。如果说对于拥有一种共通的精神和行动方式的历史性构造体，将其作为人类文化的一个范畴并称之为"时代"的话，那么明治无疑是这种意义上的一个"时代"。它包含了不能被简单还原为"天皇的世纪"的各种层次、诸多侧面、各种要素以及从中形成的各种倾向，是一个结构性的时代。明治时代是包含了日本最后一次内乱的革命与动乱的时代，是倾尽全力打造新制度的时代，也是切身体验了与制度的完成相伴而来的社会性松弛的时代，是拿着新生国家的命运做赌注、带有一定自制力地遂行了对外战争的时代。而且，它是一个在各种局面中都贯穿了共通的目标和精神的"时代"。

我所说的这个"明治时代"始自维新，至日俄战争宣告结束。日俄战争之后的数年，从明治天皇在位来看也许依然属于"明治"的范围，但是已经不属于这里所说的作为历史构造体的"明治时代"了。有人也许会讶异于像我这样的年号批判论者为什么不仅承认明治时代这个叫法，甚至还积极地把它作为一个典型的时代的名称来使用。我这样做当然是有理由和根据的。名称这个东西，不管是"昭和"还是"大正"，即便是对它所指的进行批判（批判越是切中肯綮就越是如此），也并不妨碍在日常的交谈中为方便起见沿用习惯的叫法，而"明治时代"的叫法除了显示一种一般性的、非狂热的态度之外，还有着一些特别的、积极的理由。

第一，"明治"这个称号的出现不是因为宫廷的情况发生了变化，而是维新的社会大变动的结果。在这个意义上，与仅仅意味着天皇家族血统延续的"大正"和"昭和"具有完全不同的性质。而且，从作为社会内部自发出现的社会力量进行自主社会活动的一个成果——尽管并不成熟，但它依然是作为这种成果之一而被选择的——来看，"明治"与过去面对社会的动荡时、常从社会的外部（九重皇宫里的"云上人"）寻找解决办法的改元也不是一回事。在其确立的事情上，"明治"确实算是年号里的异例，也是特例。可以说它在众多的年号中处于一个边缘的位置。尽管在中世曾经出现过"私年号"①，它不同于常规的年号，而是带有自由的、地方性的独立以及类似于"熊泽

---

① 私年号，与朝廷正式制定的年号相对，民间私下使用的年号。——译者注

天皇"① 那样与当前宫廷的对抗性，但是"明治"这一年号在政治的性质上与其并不相同，"明治"是以全国的统一性以及与宫廷的合体性为特征，而且"私年号"是被作为非正统的异端来对待的，当与之做对比的时候，"明治"在年号中的异例性就更加了然了。

在这些之上，"明治时代"更加不同的是，它是一个明显具备刚才所说的作为一个历史构造体性格的时代。正是由于以上两点，所以尽管它的成果并不成熟，也存在着一些不好的倾向，但依然无损于"明治时代"这个称呼。而且，我还想给这个时代起一个"别名"，那就是——"立国的时代"。

一

虽然将其称之为历史的构造体，但这并不是说其中就没有政治局面的变动、思潮的转变以及社会性质的变化。明治 10 年代的政治变动、20 年代的制度确立，以及之后渐次出现的社会性变质，尤其是

---

① "熊泽天皇"，指曾自称天皇的熊泽宽道（1889～1966）。日本历史上曾有一段时期是南北两朝天皇并立，这一时期持续了约 60 年，最终以北朝天皇取胜而结束（1392 年），之后的天皇都是北朝天皇的后裔。后来在日本出现了"南北朝正闰论"的争论，争论南北朝天皇到底何者为正统，1911 年的国定教科书中把二者对等对待而招致非难，当时的执笔者被免去文部省的公职，此后直到二战战败，占支配地位的观点是南朝属于当时的正统。熊泽宽道在家系上属于当时南朝天皇的子孙，于是自称继承了南朝天皇的正统，并在日本战败后初期主张当时的昭和天皇退位。——译者注

日清战争①之后越来越显著的根本性变化，都是值得史家关注和分析的问题。事实上，许多的研究也在这些问题上做出了努力。这当然是非常必要的，而且也是具有极其重要意义的工作。但是，尽管这些变化在整个"明治时代"一直存在着，但是自维新以来直至日俄战争的"明治社会"中，始终有一个重大的目标贯穿于社会的整体。由于这个共同目标的"支柱"性的作用，这个时代的各种局面最终被统合为一个历史的构造体。

不消说，这个目标就是日本在国际列强前的"独立"。在那时的日本社会，不管存在着多么对立的立场、多么易变的倾向，但唯独这个目标，是当时的时代下全体社会所一贯奋力追求的。以"民权"为核心的"国民主义的独立"的立场和以"国权"为轴心的"国家主义的独立"的立场，一边对立一边相互交错渗透，就是这种状况的一个表现。另外，"士族叛乱"与"反对藩阀专制"本来就有内在的密切相关性，而"追求民权的壮士"也常常与谷干城、头山满等形形色色的国家主义者有着某种亲近性。在这种事态中，"民权"与"国权"的交错、"国民主义的独立"与"国家主义的独立"的混淆，一方面表明"不受国家干涉"和"自主的民权"等精神并没有作为一种独立的社会性态度获得充分的提纯和确实的结晶；另一方面，也说明建立一个不屈从于列强的"独立国家"，是如何成为贯穿当时整个社会的全部要素的重大目标的。

不把这个目标看作是"终极的、永远的"大目标，而是看作一个

---

① 即"甲午中日战争"，日本称之为"日清战争"。——译者注

特定的、相对的价值，在明治时代能够真正具有这种眼光的，恐怕只有福泽谕吉一个人，这样说想必也无大碍。他轻快地运用他智者派①风格的辩证法，将当时日本所面临课题的一时性、当下性明确地揭示了出来。这也反过来说明，这个目标的"大目标性"是多么广泛深入地被维新以来的明治社会全体所共有。

即便是这样的福泽谕吉，包括他那句"立国是私事，非公事也"的名言在内，也丝毫没有否定"立国"的目标性。福泽举了充满知性意外的极端例子，把"立国"事业作为人类史上的"私事"，用这振聋发聩的一句话，来说明那些对自己过去的历史行动和对当时的朋友、部下信守所谓的"私的责任"和"私的信义"的态度，是如何成为使社会性生存方式中"公的正义"得以实现的核心的。这是特意要造成振聋发聩效果的一句话。具体来说，福泽是对像胜安房和榎本武扬这样的人说这话的——他们作为曾经的幕臣的领导者，在对阵萨长两藩的"敌军"时回避交锋，毅然解散自己的政府，实现了江户无血开城，这是他们的功绩，但同时，他们也要对此负责任；或者说，对于反对解散自己政府的许多部下殒命于战斗之中，他们作为领导，此决定的作出确实勇气可嘉，但同时，他们也要对此承担责任。又或

---

① 智者派是古希腊城邦民主政治时期出现的、专门教授辩论术的一群人，是一个并非有着统一观点的学派。他们游历各国，在城邦中设塾授徒，为有志于从事政治的人教授演讲和辩论技巧。他们对城邦的制度和传统进行抨击，对城邦的"公"与公民的"私"之间的利益一致性进行了解构，为私人利益的正当性辩护。苏格拉底因此而嫌恶智者派，但在教授辩证法以及在自然与习俗的观点上他却与智者派存在很多相似性，因此也会被看作是智者。本文就在这个意义上将智者派和苏格拉底相提并论。——译者注

者，不管是哪种情况，对于那些从战败中幸存下来、在维新后的明治社会中境遇不佳、几无出头之日的"败走武士"们，作为他们曾经的代表者，他们多少也要对此负一定的责任。因此，对于维新战争的胜利者明治政府授予他们的荣誉、地位和权势，不管是从胜败乃兵家常事、即便战败亦毫不可耻、作为败军之将亦应有士可杀不可辱的豪气来说，还是从这些"大事"乃由我所起、论及"私情"也应承当相应责任来看，或者再退一步说，就算从对战败的牺牲者以及"败走者"的"私的"信义来讲，总之，就是从"万古不变的人生的心情"来说，对于维新战争的胜利者明治政府授予的荣誉、地位和权势，他们也是绝不该就这样顺服地接受的。福泽开头说的那句话，就是为了如上论述的展开而设置的一个极具效果的前提。为了在行论中以逆转的方式突出"私的"信义的"公的"重要性，福泽设置了一个推进议论的助跑区，它成为议论的充满辩证法的前提，这就是"立国是私事"这句名言。用这样一句话作为开头，是精彩之极的，而福泽在此处运用了他那智者派的巧言善辩，正是为了推进对这样一个复杂问题的特别思考，即对于那些不得不生活在受历史性条件制约的特定状况下的社会性的人来说，正确的生存方式到底是怎么样的？正是专为推进对这一问题的思考，他才提出了这一名言，而这一名言在他那里是作为"普遍"性而非特殊案例来设定的。所以这句话在他那里是带着这样的含义提出来的："就连对于当前的日本而言是公中之公的立国一事，在绝对的一般性的世界中也只是私事。所以私事是绝不可轻慢待之的。"因此这句话绝无丝毫否定明治日本"立国"之目标性的意图在内。反过来，它明确提出了在一定的条件之下，"哲学上的私情可成为立国的公道"，也以无比明快的论调指明，正是那能抵挡住权威和地位的诱惑、出于对过去的自己和他人的责任，敢于停留在逆境中的"私的"侠义心，才是能够具体保证全体人类的平等权利和所有国家的平等的不可或缺的"大本"。而毋庸置疑，"万国的同权"正为"立国"的公的目标奠定了最为公正的基础。

而"私的侠义心"如何能保证万人和万国的平等权利呢？使这看上去充满悖论的关联性得以成立的一定条件又是什么？在强者的压迫面前处于"衰退"和"败亡"之逆境，这种状况，就是它得以成立的一定的条件。在强大的压力之下不得不陷入"衰退"之境的"弱国""小国"和"小藩"，如果不发挥他们那坚决不退步的自尊心，怎能在这个世界上将万人的同权性和万国之间的平等理念具体地展现出来？而且，对那些处于"衰退"之势的人根本不抱有同感和侠义之心的人，又怎能指望他们从自己口中说出万人平等和万国同权呢？因此，作为"私情"的侠义心，在一定的条件之下就成了可以保证普遍的"公道"和"真的价值"实现的最具体的途径。而处于国际逆境之下的明治日本的"立国之大本"，也正是要依靠这"一片义心"的集结才能完成。如果这种"义心"的集结能够稳固不移地得以实现，那么当他日"立国"大业得以完成、摆脱弱小国家之地位时，也应决不会陷入大国的自恋和无止境的膨胀主义之中。其原因就在于，以最具体的形式践行普遍平等理念的精神基础，在整个社会当中已经得以确立。福泽自身虽没有论及他日的可能性，但他强调在"逆境"这一条件的媒介之下才得以使"私的义心"和"普遍的公道"相结合的重要性，在这一主张的延长线上无疑已经包含了刚才提到的他日的可能性。

因此，福泽的"立国是私事，非公事也"的名言，不仅没有否定明治"立国"的目标性，而且试图更进一步明确，"逆境"中的"立国"精神是如何能与生活于当时的社会性人群的"私的信义"相连动的重要价值。福泽与那些只一味地重视"国家"和"国民"之事的民族主义者的不同，就在于此。而且，通过与"私情"的层次、生存方式的层次相关联，当时的"立国"就超越了单纯的政治性事业的平面，为深入到"立国"精神的深处打下了基础。同时，这甚至也包含了刚才提到的对一夜之间跨为"大国"的理论上的警告。从这句名言开始进入问题的讨论，并在论述中包含了如上丰富的内容，福泽这种行论的新奇，一方面表现出他那智者般的知性艺人风格，是如何有助于将当前的价值相对化、并通过对它的超越揭示了更为广阔的普遍性价值的存在；另一方面，它也提示了一种"关于深度的辩证法"，即，对于那身处逆境之中、在关乎"存废"的深渊之上艰难举步的人——不管处于这种境况中的是自己还是别人——对于此人所处的状况应该采取何种态度？在"当前"所面临的是这种带有绝对的深刻性的问题时，要想超越这一问题的"当前性"，就必须要突破事物的表面性到达事物的深处。处于逆境之中、尽管不为人所知也决不放弃自尊的人，与那些站在舞台之上处于聚光灯追捧之下的人不同，他们是假如不经提醒就不会自动被人所知的那种人。在社会性变动中的失败者在失败之后私下里仍然保持的精神上的屹立、小国在竞夺权力的国际世界上内在持有的自尊、小藩在幕藩社会中暗自保有的矜持以及与之相类的东西，是绝不会从表面的动向和外在的言辞中被发现的。要想到达深深隐藏在外表之下的精神的本质，就必须向这些事物中注入带着同感和侠义心的所有的关注和眼力。只有在这样做的时候，才能够超越当前的表面化世界展现出来的舞台结构——才能超越表面进入其深处——那在弱小的失败者身上闪耀的普遍性价值才开始现出身形。只有这才是普遍性价值在此世中的可见的光源，是在此世中显现的普遍性价值的典型形态。就算那些一身兼具权力和权威的人也能发扬其自尊心，但是由于其中包含了转变为危险的傲慢的可能性，所以它无法成为可以从内在对平等权利之独立性加以确保的自尊心。因为在这种情况下，对于从外部对他人作出强制和规定的权力及权威的夸耀，常常会与独立人格的自尊相混杂从而使之变得不纯。同样地，不能因为富翁表示了大方，就因此说这可以证明宽容的普遍正确性。它最多不过是与不宽大的情况相比较之后表明了宽大的必要性。在身处极其恶劣的条件之下，在自尊心被剥夺、失去宽容的余裕都如同家常便饭一样平常的情况下，依然能在内心深处保持着不屈从强者的自尊，面对外面的舞台结构依然在精神上与之保持一定距离，只有在这种时候、只有在这种情况下，人人平等的独立性才终于作为普遍价值的现在形式，获得了具体的形象，从这个世界的深处浮现出来。

福泽以"立国乃私事也，非公事也"这句在今天同样适用的名言开篇的文章，就包含了这种精神的内涵。他如同表演轻功的杂技演员一样，以一种"对重力的否定"展开了自由轻快的辩证法，与哲学的滑稽演员——智者派相类似，不断地超越着对"当前"的执着，并通过这种超越练就了苏格拉底式的关注普遍性的眼光，同时也如同苏格拉底自愿的受难典型地体现了自由的极限形态一样，在其根底也包含了在面对"废亡"的绝对性瞬间时（极限的条件下）、自由独立将体现为何种行为方式的洞察。对"重力"的否定绝不是无视"重心"的存在。反过来，通过一种高难的惊险杂技表演，他消除了对同等施加在空间的所有位置、行动和思考的所有地点的"重力"的执着感，从而无比鲜明地凸显了作为一切力的集约点的"重心"的存在。

　　由于福泽是个多少有些过于单向教育的国民教师，他自身对此也有所意识，所以没有充分地达到智者派和苏格拉底式的相互性①，但是在他自身的思考和表达的核心部分却是带有这种倾向的，因此他才能够成为一种精神的代表，最好地展现了典型的时代所具有的"公"与"私"的辩证法的结构性。以庞大的机构为支撑的管理社会将一种一元化的"公""私"区别贯彻至社会行为的一切模式之中，从而产生了仅仅以外部世界的"公"的理由为行为依据的生活态度，其结果，就会产生在生活中一味地以符合法规（合法性）为信仰而毫不加以怀疑的精神丧失的状态，而福泽则是与之根本对立的。可以说，明治的"立国"之所以能够比较健康，就是因为虽然很少量，但是也包含了这种精神要素的缘故。

---

　　① 智者派和苏格拉底式的教育，是在论辩的过程中逐步推导出能够被双方所接受的观点。双方在论辩中提出各自的见解，在与对方辩论的过程中错误的意见得以修正，逻辑上的矛盾得以弥合，这是一个双向的、往复的过程，因此作者称作智者派和苏格拉底式的"相互性"。——译者注

二

因此，在"明治时代"——也就是维新以来直到日俄战争的这段时期，作为弱者实现对于列强的"独立"，这一目标遍存于日本社会的整体之中。无论是"藩阀政府""民权派"还是"改良派"，在这一点上并没有不同。正因为如此，当日俄战争以胜利而告终，对于西方列强的独立已经非常明确地得以实现的时候，在精神价值层面发生的变动就尤为巨大。下面这个例子在这一点上尤其具有象征意义。

在 1910 年《自由党史》编纂完成的时候，板垣退助①为其撰写了"题言"，其末尾所言如下：

"要言之，维新改革之精神，因宪政之树立而得以成就，日清、日俄之战捷，不可否认亦多承宪政树立之助。而今，我国民经创业之逆境，渐向守成之顺境，当初之志望虽稍稍得酬，但责任亦随地位之上升而增加，我国民不应满足于此，更何况国民之一部已现怠惰之兆。故今日以后，需更加唤起国民之自觉，举国一致，对内以图国民生活之安固，对外以求世界争雄之道。想来道路就在近旁，若能顺应时势之境遇，实现此主义之新发展（"此主义"即"自由党之主义"。根据板垣的定义，这是一种"用国家观念加以调节的个人自由的主义"），一振国民之元气，在政治改革之同时，成就作为其根底之社会

---

① 板垣退助（1837～1919），自由民权运动的领导者，1818 年创立自由党。——译者注

改革，于是则宪政有终之美可得实现，国运隆昌，与天壤共无穷。"

　　板垣想说的，都集中在这开头的一句中，"维新改革之精神，因宪政之树立而得以成就，日清、日俄之战捷，不可否认亦多承宪政立之助"。维新精神的正统嫡子是谁、维新的成就是什么、维新的成就所达到的目的是什么，都在此处被加以论述。而且这三个是难以分割地相互关联在一起的。维新的成就如果就在于"宪政之树立"的话，那么维新精神的继承者就一定是自由民权派。这是因为，"冲击并无树立宪政之诚意的保守、恋旧之政府，使其不得不公开约定开设国会，并继续加以推动，政府数次欲无视约定，而竟终于不能无视，实拜舆论之劲力、志士抛却性命财产尽瘁国事之赐"。这一点是完全正确的。正是以"宪政之树立"为象征的诸多改革创出了"国民"，并通过国民的"参与"，形成了新的国力和统合力，这才使得日清、日俄战争的胜利成为可能，板垣这样说道。

　　确实，明治时代的"宪政之树立"是改革的重中之重，是维新改革具有象征意义的核心。这是一个直接关系到权力如何构成的问题，在这一点上，它不再停留在单纯的技术性手段的改善上，而成为根本性的改革，所以随之产生的困难是巨大的，所引起的抵抗和摩擦也是严重的。改革的精神不同于只着眼于眼前的修理和局部的缝缝补补，它是要一直追溯到重要事项的根本，从那里开始推动改革事业。当到达了根本，明确了改革的根据和理由的时候，以此作为出发点，把如何克服这项事业包含的困难、如何消除引发的摩擦、也就是把包含了技术性方法在内的改革的规模、程度、道路等等的所有都考虑在内的时候，改革的精神就会在其中熠熠生辉。如果以所包含的困难太大为由，从一开始就回避"根本性的"问题，那就不可能有改革的精神。于是，作为蕴含了困难的根本性改革，"宪政之树立"的成功与否，就成了决定维新改革的精神存在与否的具有象征性的课题。

二十余年前的板垣，应该是正面面对了这充满困难的根本性问题的。但是，自觉到改革精神内部的深刻紧张的，并不仅仅是他和他们这些人。在直接负责"实施"的伊藤博文这些人当中，也充满了这种精神的紧张。在宪政实施之际，伊藤博文的话几乎都带有一种破釜沉舟的决心。所谓"宪法实施是东方未曾有之大试验，若只尝他国之糟粕，则不可期望能逾越此国步艰难之险境"（明治 24 年 12 月 2 日，给井上毅的书简）。"东方未曾有之大试验"这一句的含意，已经包含了其字面解释无法抵达的广度、深度以及精神上的紧迫性。他所看到的并不仅仅是日本史，显而易见，这句话中很明确地包含了世界史的视野在内。但在这样的视野中，包括日本在内的东洋世界的历史性过去的全部，在这一句话之下都被当成了与"宪法的世界"相对比的另一极世界对待。这里所说的"未曾有"的含义就在于此，而一肩挑起了这一对比中的一极——东方世界——的重担，被赋予了"大试验"的课题的，正是当时的日本；而直接承受了日本的这一大考验、不得不在这宿命般的受难中坚忍支撑的悲剧性主角，不是别人，正是他自己——伊藤博文。在这一思考和表达的过程中所包含的，不仅仅是"认识"层次上的广阔和确切。承受严酷的大考验的"决心"和面对大考验时必要的"觉悟"，与确切的"认识"聚合到一起，共同凝结为这一句。知性没有脱离敏锐的感受性和坚强的意志，并且伴随了一种忧思深切的感怀，这些共同凝结为一体，集结到这一句话之中。正是由于精神在这个过程中统合了所有的局面，才最终获得了这样的表达。可以这样说，在那些立于危机的正中心、立志完成自己那宿命般的责任的人身上才会有的——而且也只有在这种时候才会产生的——"不可分的精神"，终于在语言的层面上具备了形式从而喷薄而出。特意选择了普鲁士宪法模式的伊藤自己也拒绝"只尝他国之糟粕"，为了克服危机可能带来的各方面的"险境"而苦苦寻找解决的独到途径。他本人以及他的"政治智囊团"的许多"政治家（statesmen）"，就是这样推行"宪法的实施"的。在这个过程中，像井上毅等人是如何历尽艰难困苦、敢于钻研并创造历史的"不可能"的，这些问题在这里不打算触及。并且，结果在实际上创造出了怎样的"宪政"制度，在这里也不打算多讲，众多卓越的制度史研究已作出了清晰的说明。但是，就连在"帝国宪法"和"帝国议会"这种在本来的意义上是非宪法的"宪政"制度的场合下，在其创始者的内部，也有一种体现了"立国"的创造性的精神存在。这一点是不应被忽略的。不止如此，其中也包含了一种作为存在的历史，在那里，有我们"值得尊敬的敌人"，并教给了我们"尊敬敌人"的公正的对立精神。当时的板垣他们恐怕多少也是抱有同样的想法的。

但是，从日后日本宪政史的发展来看，这一"东方未曾有之大试验"决不能说是成功了的。它没有成为东方世界的代表性事物，与"宪法的世界"之间的紧张也消弭于无形，反而逐渐地陷入对自己制度的自我满足之中。然而，1910年的板垣却依然把"宪政之树立"作为维新精神的"成就"来祝贺。在那值得庆贺的语气当中，那曾经充满紧张的宪政运动中的某种历史的经验已经消失不见。但"宪政之树立"作为制度而言，只要至少在表面上还允许在野党的存在和权力"颠覆"的可能性，依然无疑还是维新以来改革的象征性的中心。而且再重复一遍，在这中心的改革中，"自由党"所发挥的主导性的功绩确实是难以撼动的事实。但是到了1910年，板垣却还以"宪政树立"的介绍人自命，甚至对日俄战争的胜利也要求在功劳簿上对自由党的历史功绩加以重视。这一主张的正确与否，不是这里要探讨的问题。"宪政之树立"产生了新的国民统合力，使得国力的集中成为可能，这是确定无疑的事实。但是当我们想要知道日俄战争之后发生了怎样的精神史的变动时，这里需要注意的，是在看板垣的主张是否符合事实之前，看他主张的性质是建立在什么样的精神态度和价值基础上的。简言之，板垣在《自由党史》的"题言"中提出的要求维新精神的继承权的主张，在这里与要求承认日俄战争中的功劳结合在了一起。在国会开设以前作为维新的当仁不让的继承人、展开了东方历史上划时代的"关于主权所在的争论"的人，今天却以同样的维新嫡子的名分要求对日俄战争的胜利"论功行赏"。虽然在主权论争中他的主张事实上并没有实现，但维新改革的精神在他那里获得了充分的体现。但是到了这个时候，在要求对日俄战争的胜利进行"论功行赏"的时候，尽管其主张在事实的过程当中还是有着若干适当的部分，但是已经不再可能是维新改革精神的具体表现物了。因为那里缺乏了对现状的根本的批判精神。

三

如今，维新已经完全成为了历史。自由民权也早已成为历史场景中的一幕，对外独立的步伐也渐渐在历史中远去。"立国"的工作已经结束，剩下的只是对这一过程的不同的解释。围绕着纵贯明治政治社会的"立国"课题所进行的政治斗争早已不再是现实中的争斗，而是转化成了如何对已过去的现实进行解释的争执。《自由党史》就在这个时候诞生，并在"史"这个字眼上象征性地展现了如上状况。

但是这里需要注意的是，对这一历史过程的解释主要是从核定"功劳"的有无、大小以及判定如何分配"荣誉"的角度进行的。只要是出于这种角度，那么在各种不同的解释相互竞争的过程中，就会不可避免地产生出"荣誉"这一此世的原点。当经验性的历史过程被当作产生"权威"的地方时，政治的神话就会从中产生。会出现一些人为制造的仪式和政治的神话，把相对的历史过程置换为带有实质性区别的权威性的上下关系。在这些仪式和神话的作用之下，动态的过程就变为静止的制度，现实的争端变为稳定的权威体系，本是可变的可上可下的关系，转变为在一次次典礼中反复得到保证的对不朽的荣誉的敬礼，沾满泥淖和耻辱的经验转换为英雄的美谈。就连本来是面对着命运孤独地战斗的英雄的概念，也悄悄变质，成了被有体系的人工打造出来的"明星"。于是人们丧失了与历史、经验、社会过程和叙事诗之间的本来的姿态，被赋予了虚伪的历史、经验、过程和叙事。事实上，从明治 20 年代开始，就不断地举办对维新"功臣"授爵和恩典的仪式，相应地也出现了对"功臣"们事迹的渲染夸大，有代表性的杂志也把重点转向了编辑以"功臣"为本位的维新史，这个过程中，也不断地刊载他们的肖像、表彰、贺词，并授予其他形式的个人勋章，等等。似乎是象征这一状况一样地，"维新的元勋"这个称呼，也在这个过程中得以确立。这个意指活跃于国家的"元"初之时的中心人物的词汇，在中国自古以来就是指为"建国"建功立业的人。于是人为创造的政治的建国神话大量滋生，而且这是与社会和自然的创生神话完全异质的神话。

明治 20 年代中期，在随着"宪政实施"的推进而出现的"第一次议会"这一"未曾有"的新的权力状况中，官僚政治的统治术暴露出解体的迹象，其操作主体也不再具有统一性，政府的各省大臣及其余的个别掌权者恣意挥霍机密费和使用密探，地方官员和警察不断进行肆意的政治动员，"政府没有一定的政治意图，官吏社会四分五裂"（伊藤博文书简）。民党①虽一度在"民力休养"的口号之下实现协同，但不久就在地位、权力和利权等新的诱惑面前乱了阵脚，政治社会"纷乱如云，形势实如不知鸟之雌雄"（陆奥宗光书简）。在井上馨看来，"一新之末路如同乱麻"，伊藤博文也清醒地意识到"此非寻常一般之手段可以疗治之病根"。当明治政治社会面临着毁灭性危机的时候，力图克服这一大危机的伊藤等掌权者根本没有醉心于功劳的闲情逸致，而是饱含着"堕入"地狱般"苦境"（伊藤对松方正义使用

---

① 民党，指在帝国议会召开的初期吸收了自由民权运动的力量、反对藩阀政府的政党。而支持藩阀政府的政党则被蔑称为"吏党"。——译者注

的带有责任追究意味的讽喻）的紧张。伊藤一边慨叹"国家之大难横于眼前，而无可共商大事之人"（书简），一边最终无奈地走上孤独的权力者之路，其理由就在于此。在这里出现了一个极端的分化，一边是享受着权威、幸福但无能的"元勋"与"功臣"之辈，一边是赌上"元勋"的威信、决意拉开"明治政府末路之一战"的权力主体。也正因为如此，"维新"的政治神话依然不会终结。要等到它终结，必须要经历之后的事情——在日清战争之前就存在的国内对立变质为"右"倾，在野党提出的反对口号"民力休养"变成了"对外强硬"，战争开始以后，国内的对立和在野党性质的统统消失、变成举国一致之势，对外的紧张深刻地集中在战争和外交上——必须要经过了这样的阶段性过程之后，当最终到达了日俄战争结束、集中到对外关系上的紧张得以消除的地点时，政治的神话才得以终结。先前提到的板垣的主张，也就是在这个时点上带着与"功臣"之辈同样性质的功劳主义对抗藩阀集团时而提出的。不过他并没有要求他个人的功劳，仅仅在这一点上倒还有些微可取之处。

把维新以来的历史只当作历史的过去时看待，这种存在于明治后半期的思维倾向在根本上具有如上的构造，并在日俄战争结束之后完成。其结果，就是在日俄战争以后，即便是在政治权力的舞台上，"维新的元勋"也基本上没有直接登上首相宝座执掌政权。他们都从触手可及的权力的厅堂中撤去身影，这反而更加促成了政治神话的形成，被越加绝对化，"元勋"渐渐退隐于幕后，成为真正的"元老"。在从明治20年代起就被先行一步的政论家作为问题提出来的"天保的老人"退出舞台，世代的交替也在权力场中得以完成。一个时代的终结甚至贯彻到了具体的人际关系之中。世代交替所具有的意义，就是时代的变迁被作为人的变迁——于是也作为与具体人格相关的经验和感觉的变化——出现在眼前。这不仅仅体现在政权的席位上。军队、政府、公司、农会……在构成了国家内容的几乎所有的组织体中，都由不知维新为何物的明治出生的"技术人员"占据了核心位置，于是"立国"的时代终结，国家不再是被当作从混沌中靠人力创造出来的东西，而是成了先验地被给予的东西存在于那里。它已经成了既有的自动的存在，成了所需要的仅仅是进入其内部来操作运用或是进行部分修缮的物件。如果不认可它，那就要么是从外侧对它施加压力，要么就打倒它或无视它。于是对国家的精神态度就这样分成了内、外两极。与国家之间的紧张在民族主义者那里已经完全不可能出现。"立国的精神"在这里云消雾散。在"题言"中板垣字句鲜明地指出来的"创业之逆境"远去、"守成之顺境"到来的精神史的意义就在于此。

　　于是，日俄战争完成了一个转换期，成为向下一个倦怠期的出发点。这与战争本身同时兼具了对外独立的完成和帝国主义地位的确立这两义性的事实相对应。

补注：

　　在对维新以后的历史进行解释的时候，就这样把"维新"和"元勋"抬高到了政治神话的地位，以荣誉和功劳为本位编纂维新史，而站在对立面的人也以要求在功劳簿和庆功宴上分一杯羹的形式来解释历史。在这样的状况之下，能反其道而行之，在历史的相互关系中把握维新、把历史过程的叙述作为"经验"的记述来描写的"天保的老人",就是福地樱痴①。他的《幕府衰亡论》和《幕末政治家》为什么会成为杰作,从这一点上看其实包含了饶有兴味的问题。当然,他是旧幕府的幕臣,而且他的文章能力委实了得,但这些因素在这里都暂且不论。在国会开设之前,由于他轻狂的野心、悲惨的政治失误和失败,导致他不得不从政治舞台上退去,之后在孤单落魄之下,他跟随自己的兴趣,彻底投向了当时被看轻的歌舞伎演员和通俗小说作者的世界——同时还在进行歌舞伎改良的实践——,他在从断然放弃政治野心的地点开始——而且并未放弃政治的批判而是以讽刺小说的形式继续展开他的批判——书写幕末史,这是他能写出真正的现代史叙述的根本原因。而且,他那纵横捭阖、学贯东西的才具和亲历世界的丰富经验,丝毫没有被对荣誉功勋的欲望和保身的志向所歪曲。他已经是个"失败的人"(鸟谷部春汀)了。奖状、财产,在他身上一概没有。他也没有想过再去争取这些东西。在他的历史意识中,那层为认识设置恣意隔阂的遮蔽膜早已被取掉了。所以时间的经过带来的距离感,就能够给他以公平的观察和发现当局者无法看到的关联的视力。因此他所写的不是造就权威的"美谈",而是历史的"经验"的

---

① 福地樱痴(1841～1906),幕末到明治时代的武士、政治评论家、新闻记者、剧作家。原名福地源一郎。少年有才,学习汉学、兰学和英学,入幕府担任翻译,后作为幕府使节出使欧洲,期间对欧洲的新闻业深感兴趣。1868年创刊《江湖新闻》,后任《东京日日新闻》的主笔和社长。在政治舞台上失败之后,他致力于歌舞伎的改良,创设了东京的歌舞伎表演场所"歌舞伎座",写作剧本甚至亲自登台演出。文才出众,曾与福泽谕吉并称为"天下双福"。——译者注

鲜活的记述。人的历史以相互主体性的关系被描述。

可是一个时代已经终结，除了把它当作历史来看之外已经不再可能做出"面对世界的精神的应答"，这是彼时彼地难以改变的一个现实。接下来的问题就在于，是在那个状况下是否有可能飞翔起密涅瓦的猫头鹰，还是带着满足于现在"分到头上的荣誉"面对历史。抱着前者的态度来对历史的经验做出揭示，绝不是想要逃避到过去，完全相反，在这种精神的态度中毋宁说是存在着一个"开放的世界"，这个世界可以营造一个基础，以备将来如果有一个创造性的时代来临，它可以在那时成为精神的出发点。不仅如此，这其中还有通过"作品"对当前支配性的现状进行的根本的批评。而后者的态度中衍生出来的，是对维新的抽象的神话化，以及对"功臣"仪式性的追捧。由于福地樱痴与此绝缘，选取了靠近前者世界的道路，他曾经犯下的错误给他带来的负数在最后的十余年里几剩于无。他所做的工作不仅使曾经的政治上的负数在真理面前被抵消，而且还有盈余。这是以付出了失落、恶评和贫穷的代价换来的。"天保的老人"就这样在精神史方面分裂成两极。但是其中的一极仅限于例外的少数人，这是日本明治史上的不幸。中江兆民也是这少数派中的一个。

另外需要注意的一点是，本文中所述的福泽谕吉知性的智者派特性与晚年的福地樱痴的英飒（dandyism）之间，存在着某种对应性。如果说福泽是由于其自由的精神而具备了多角度考察的能力，以及由此带来的状况超越性，那么在樱痴身上有的则是虽有轻率之嫌、但依然强大的飒爽（dandy）的政治断念的能力——那是一种在已经变质的新的状况中，宁可付出高昂的代价，也要将自己从对权势的无休止的贪恋中解放出来的美的精神的超越力。这与表演轻功展现给大家一种"对重力的否定"的杂技演员有着某种相似，而且还包含了某种力量，尽管并不多，但确实存在着，那就是使人虽生活在变质的历史状况中、但又能向着普遍性的价值迫近的某种力量。"伶人"福地樱痴不管处于多么穷困潦倒的境地，最终都能从这伶人的飒爽风骨中抽取出与状况对抗均衡（counter balance）的感觉、对代价的觉悟以及追寻普遍性精神的决心。在中江兆民那讽刺家的特性当中也包含了这种感觉、觉悟和决心，而且带着更为结实粗犷的刚毅。而这些在"伯爵"板垣退助那里是完全欠缺的。——虽然他曾一度拒绝授爵，但即便是那种拒绝，从感觉和意志的内在来看也是台面上的。

当一个时代宣告终结、随之而来的是已变质了的历史状况时，要想面向普遍的价值进行精神层面的工作，面对此世的势力、荣典恩赏和总体状况需要采取何种态度，至此已经进行了某种程度上的历史验证。但这也许是我们如果不把触角小心谨慎地探出去就很难发现的、在历史的地下水道进行的验证。在被伴随着仪式化的美丽词句所遮蔽的历史变质的时代，精神的试验场只存在于地下的深处。

四

当民族主义者已经丧失了在认识到国家的实际状态与应然状态之间的差距之后形成的紧张感时，他们又是怎样看待国家的呢？让我们再次回到板垣在"题言"中的陈述，看看他在要求对日清、日俄战争的胜利论功行赏之后，对日本的未来是怎样设计的。他这样说道，

"我国民不应满足于此……故今日以后……举国一致……对外以求世界争雄之道……"最后，他以"国运隆昌，与天壤共无穷"的表述作结尾。在我用省略号略去的部分，虽然也确实提到了"国民生活之安固"、自由党"主义之发展"以及"政治改革""社会改革"等题目，但是最终从文脉上来看，都是服从于刚才提到的那个序列的。

所以在一读之下，我们难免对充溢于文中的国家至上的语气感到厌烦。以"国运隆昌，与天壤共无穷"这样的表述收尾，就算它只不过是个结尾时的客套话，也难免让人产生反感：板垣在内心里是真的希望现在这种状态的国家与地球一样长存、与宇宙一样永续吗？而且，与皇室自上而下颁布的"敕语"相类似的用语又进一步增加了这种反感。

应该说，板垣在这一句里说的并不是"天皇万岁"，他是在说"日本国万岁"。但是"国运隆昌，与天壤共无穷"这句话与它所意指的"日本国万岁"真的可以完全划等号吗？假设这里用的是"日本国万岁"，两相比较之下，还是可以发现其中有明显的差别。"日本国万岁"的说法更为简朴、更为直接，而且作为结尾的套话来说也显得更为慎重。所以，这还可以说是与维新之后作为弱小国家的自觉相匹配的结语。而与之相比，板垣实际使用的这一句则是用了极端夸张的调子在讴歌。"国运——隆昌""与天——壤""共——无穷"，这三个短语刻意营造出了如惊涛拍岸一样的抑扬顿挫和旋律起伏的效果。就像在文章里高歌"万岁万岁万万岁"一样，他选用了"天壤""无穷"和"隆昌"这些词汇。如果他不想做夸张的讴歌，只想用简朴而谨慎的表述做结语的话，这些词汇就不会被选用了。于是在词汇与语气之间产生了内在的关联，而且这种关联中包含了书写者与说话者的意愿。板垣在这里所欲求的，从形式上来说无异于回应"天壤无穷之神敕"的"万岁万岁万万岁"的颂歌，也是新版的"明治国家的神敕"。

这绝不仅仅单纯是语言表达上的一种意愿，也不能把它仅仅限定为一个文体偏好的问题。这种表达上的偏好已经与他在这一结句之前提出的愿望相联结，从而形成了一个语意上的着重点。他希望今后的日本能"举国一致""对外争雄于世界"。但如果仅仅把这解释成是欲在国内施行改革、在国际上奉行国家主义的自由民权派的思想特征的体现的话，那种解释并不充分。为什么这样说呢？是因为这里根本没有任何具体的"国际"。这里有的只是欠缺深思熟虑的向世界膨胀的欲望。在这一点上与结尾的那句正好合拍。如果说"国运之隆昌"应该"与天壤共无穷"地无限扩展至整个宇宙，那么就应该思考与具体的其他国家之间应该是一种什么样的具体关系，然而，这个问题在这里却被轻易地排除在了考虑之外。这种吾皇万岁万万岁的颂歌，与只是一种抽象的膨胀欲、缺乏了对具体国际关系的考察的日本帝国主义结合在了一起。正当 20 世纪的世界拉开序幕之时，原自由党总理板垣退助提出的"未来的日本之路"就是这样的一种形状。在这里看不到与具体状况对决时的紧张以及注意力的高度集中，立国者对自己国家的弱小所带有的清醒的自觉也消失不见。不仅如此，要想成为一个世界帝国，作为支配者所必须具备的具体考量甚至在此也是完全缺失的。这并不是因为他所写的是"题言"、表达较为抽象才会这样，而是说作为一种高度集中的具体性而存在的抽象，在这个结语当中完全看不到。对国家的认识——也可以说是关于国家的"理念（paradigm)"——完全失去了具体的规定性和限定性，变成了抽象的欲求。

由此也就可以明白，在明治 30 年代之后出现的"国体论"，实际上是在日本社会对于国家的认识已丧失了立国时期的具体性、解体并转化为抽象的欲望的过程中所产生的事物，这就是它的本质。其实板垣并不是一个国体论者，他只是个渐趋分解和消亡的立国主义者，但是正是在这样一个非国体论者的发言当中竟也与"国体论"式的思考之间存在着某种一线的联系，才更如实地展现了一种抽象地追求国家扩张的精神态度已经出现的历史事实。将日本的国家体制视为一种先验的存在予以特别看待的"国体论"，并不是明治维新的成果的延续，完全相反，它是维新结束才出现的结果，是立国精神解体的产物。的确，像"神州""皇国"这样的称呼在维新时期也曾被大量使用。也正是因为有过使用这些称谓的习惯，以此作为条件之一，才有可能出现"国体论"这种事物。但是在维新前后，这些称呼绝不是被作为可以先验地对日本的国家体制形成保障的东西来使用的。它们确实是包含了某种愿望——当然是不轻易地沦为列强的附属国的愿望——带着预祝的意味被使用的，但是正因为如此，在使用它们的人心中非常清楚，这种愿望的实现并不是会自动完成的。所有的一切都与在经验性给定的条件下如何"建国"这种他们自身经验行为的正确与否密切相关，他们是在对此有着清醒认识的基础之上使用"神州"和"皇国"这些称呼的。

当然，这些状况并不仅仅出现在维新当时。在内乱持续不停的时代——即围绕着部分历史学家所称的"士族叛乱"等事件而展开的时代，在争夺主权归属的运动的时代——即以众所周知的"自由民权运动"为核心的时代，以及在上一节提到过的、随着国内制度的确立突然白热化的混沌的时代——即在召开"初期议会"的时期，官、民甚至官民对立本身都归于混沌的时代，甚至是在对外独立与对外侵略相重合并首次作为不变的目标被确立下来的战争的时代——即"日清·日俄战争"的时代，面对可能导致社会整体崩溃的危机的状况，如何才能克服这些危机，在所有这些时候都被作为"立国"大业的核心问题对待。而且承载了他们思考与行动的核心内容的，并不是类似"神州""皇国"这类先验的词汇。在维新当初，在木户孝允和大久保利通等人的书信中不止一次地出现"天下瓦解"或"土崩瓦解"之类的词，从中可以看出，用"瓦解""土崩"之类的词语表达出的对具体状况的危机意识，成为当时的政治家（statesmen）思虑的核心，在持续的内乱时代，对有可能被"颠覆"的危险所产生的不安，也成为在他们内部翻卷的漩涡的中心。即便在运动的时代，情况也是一样。"对主权的争论"得以公然地毫无顾忌地展开。在国内体制终于齐备的那一瞬间，正如所见到的那样，"一新之末路"这一词汇占据了建国者们思虑之核心的混沌的时代就已到来了。于是，我事已毕的这种末路感觉支配了立国的事业家们。在战争不断的年代里，他们一方面对自己国家目前尚显弱小的现状了然于胸，另一方面又能全神贯注于环伺左右的强国的动静，他们发现了列强行动中的龃龉与对立，意识到如果列强的力量两相抵消，在东亚将会出现国际权力的真空状态，他们不敢有丝毫大意地等待着那一瞬间的到来，并期待着在时机到来时能投入小国日本的全力，靠自身的力量在列强的阵列中占据一席之地。这种战略战术的思考，形成了立国的政治家们精神构造的核心。① 这时成为他们思考的关键的词汇和疑问是"形势"到底如何，如何能用"一分之争"换来"一分之得"，和战未定时的"彷徨"所带来的危险到底有多大，如何才能避免"整体性的覆灭"以及"形势"的制约力有多强大、决断与不决断都包含了多大的危险性，等等，对此他们都有着充分的洞察。

如何在"天下瓦解""倾覆""末路"和"破灭"的危险中稳步而且果断地进行"一分之争"，这种战略战术的思考，在那些立国的事业家那里，恐怕是在幕末和维新的动乱中殚精竭虑于掌控藩国林立纵横交错的"天下"大势以来就已具备了的能力。幕末时期作为"天下"的日本②，很显然已经成了一个国际社会，尽管只是在模型一样的玩具性的规模上。那确实是一个权力状况变幻无穷的国际社会。虽

----

① 眼观西欧列强力量的相互折冲，等待着力量的真空状态的到来，并以小国日本的全力拼力一击——明确指出了明治以来日本的这种战略战术的是 E. H. 诺曼的《日本近代国家的成立》。但是，诺曼把这大而化之地看作是明治以后也一直存在的特征，并把它仅仅看作是在对外关系中才存在，但在这篇小论中可以看到，这种战略战术的思考本身存在着本质上相异的两个阶段（或是三个阶段）。也就是说，区分为把自己也看作一个函数的带有普遍意义的思考的阶段和无条件地以自己的特殊利益为前提的自我中心的思考方式的阶段（或是还有这种自我中心主义丧失了与他者的关系、退化为抽象的欲望的阶段）。

② 德川时期的日本，长期实行对外锁国政策（海禁），再加上日本作为岛国的独特地理条件，阻碍了在地域和心理上的世界视野的形成。另外，在国内并不存在一元化的政治权力，各藩林立，自成一体，近代国民国家才有的国家意识并未形成，人们的视野大多仅限于自己所处的藩，因此当时所指的"国"其实指的是各个藩国，"天下"指的则是日本全体。正如幕末的思想家佐久间象山所说的："余年二十以后乃知匹夫有系一国，三十以后乃知有系天下，四十以后乃知有系世界。"这形象地体现了其视野扩展的同时，也反过来体现了封建时代人们视野的封闭性。——译者注

然仅具模型一般的小型规模，但反而有利于发现其中诸种势力翻卷的样态。在这个意义上，作为"天下"的日本，就发挥了国际权力状况的"实验室"的功能。虽然仅仅是一个微型的"实验室"，但却与在安稳的抽水马桶里观察海流那可怕漩涡的原理并不相同，在这种"实验室"里，实验者本人也要亲历"横议·横行"，并不得不用他们那微小的势力努力改变"国际的"权力状况，这是一种无法重复进行的实验。所以，在这个实验室里，"观察"与"行动"，或说"不动"与"动"以及"被改变"，都是直接相关的。当把观察、行动、停止行动以及能动和被动当作一系列相关的事项来看待的时候，就会产生一种普遍的精神，这种精神把自己以及其他的要素、其他条件统统都当作一个函数来对待。作为维新原理的"横议·横行"从政治的思考方式来看，就是受这种普遍的精神支撑的一种战略战术的思考。而在幕末和维新的训练中逐渐具备的这种战略战术的思考方式，在历经多次训练之后，直到日俄战争时期都一直在政治家们身上存在着。

但是，如上所述，一直到明治 20 年代前半期为止，日本国内还是一个有着"敌对势力""中立势力"和"己方势力"并存交错的国际社会，所以当时的战略战术的思考不仅仅被用于对待外国，而是普遍地施行于一切状况。但是在经历了日清战争前后的日本，除去极少的一部分之外，反对派的几乎全部都转向了"对外强硬"的立场，接下来就致力于打造举国一致的状态，所以战略战术的思考就逐渐丧失了以前的普遍性，把主要的对决感觉专门指向外国。战略战术精神——面对状况进行对决的精神——萎缩到了甚至认为在国内只有无对立状态才是正常的程度。在上一节所提到的、"元勋"们的那些欠缺思虑的行动方式的出现，当然也是这种战略战术的思考丧失普遍性的另一个体现（他们在国内面对反对者和一切的状况时，都不再认为有必要把它们看作"可以改变"的事情，不再抱着平等的对立感来看待，而是一门心思地把注意力放在穿什么样的服装显得有权威、怎么样发言才具有权威性上面来），所谓的"国体论"也是从这种状况、即把国内社会想象成一个无对立社会的意识形态的需求中产生出来的。

从明治20年代中期以后，虽然从维新中产生的战略战术的思考形式，已经褪去了普遍性，出现了将其使用领域仅仅局限在国外世界的倾向，但是直到依然贯穿了对外独立的目标的日俄战争为止，在目标与现实之间的紧张感在所有的领域中还残留着，并且使得这一时代的精神构造中得以保留一种张力。对于这种精神的张力，为了避免产生根本性的误解，这里有必要稍加解释。这里说的精神的张力，绝不是试图对敌国发动战争时的"斗志昂扬"的紧张，而是毋宁说完全相反。比如与"即时开战论者"站在对立立场上的伊藤博文那"软弱的态度"中所包含的、极尽全力认清国际状况以及在"奉天会战"之后，山县有朋判断战争继续下去将会"不利"时所包含的那种痛苦的不偏私，又或者是桂太郎对"兵力的限度"和"经费周转的困难"始终感到忧虑的那种不安的自觉……这其中一直贯穿着的那种对自己国家的弱小和敌人的强大的清醒认识，进而对四周环伺的外国夹杂着利害与好恶的彻底的判断，都是这个时代的精神的紧张的实质。正因为有了这些，把事实上的"打个平手"转化为外观上的"胜利"的冒险家的把戏才可能成功。所谓的"日俄战争的胜利"实际上就是这样一种东西，而且也正是这样被"达成"的。

　　但是在本节开始时所看到的板垣的"国家赞歌"中，已经看不到那种在"胜利"的外观与勉勉强强获得的"打个平手"的实质之间的紧张，就连这是冒险家使出浑身解数才营造出这样一个看似胜利的结果的自觉也不存在了。"国运隆昌"变成了散漫放纵的歌声，"维新的精神"就这样踪迹全无地烟消云散了，而且是在维新的当事人的内部消失不见。历史的变质就这样来到了精神的世界。

关于市村弘正《都市的外缘》

一

　　在这里，我将介绍一篇被众位方家的"时评"所忽略的近期的杰作。

　　关于《传统与现代》这本杂志，其实我并不太了解，也没有想过专门去了解它。然而在一次偶然的机会之下，我读到了去年（1978年）11月号上刊登的一篇市村弘正的论文——《都市的外缘》，读后对我的震动很大。尽管文中存在着许多——我所认为的——难点，但这的的确确称得上是一篇杰作。虽然流于表面的都市论在这十年的时间里大为流行，但像这样能深入都市社会文化的深层、并在短短数十页简短的历史解析中达到如此的凝练度和结晶度的文章，其实并无一篇。坦率地说，我之前也曾想过从类似的角度写一篇文章，私下里做了许多的准备，但这篇文章的出现，让我感到了一种应向其致敬的虚脱感，同时，也为找到了同志而欢欣雀跃。既感到有些遗憾，同时也觉得无比欣喜。在这种情况下，作为在过去多少有些成绩的年长者，为之效些犬马之劳也是民主主义者该尽的礼数。因此尽管本人力所不逮，但也乐于为其做一介绍。

在这一期杂志上，虽然也有一些颇为知名的人士的文章，但是从内容的紧密度、主题的新意及贯彻度、论证材料的丰富性以及引用文的准确性等方面来看的话，市村弘正的文章压倒性地更胜一筹。但是评论界对此却无反响，比如《读卖新闻》的"论坛时评"栏目，虽然对这一期杂志作出了评论，但通篇都是盛赞那些舆论界宠儿的话语，而市村弘正的这篇杰作却丝毫没有进入其栏目撰稿人的视野。但这其实也是无所谓的，那些人的工作也不过就是如此。值得思考的问题只在市村弘正的卓越的论文当中。

<h2 style="text-align:center">二</h2>

对于"都市"，不是把它看作类似于工艺品模型一样的组装物，而是作为与人的生活方式和行为方式有关的事物来考察，这种做法在日本自荻生徂徕以来，在许多人的记述方式当中已经得到了一定程度的具体贯彻。市村弘正的工作恐怕从宽泛的意义上来讲，也可以归入这一系列。但是，他的工作又不单单属于这一个系列，他一边把之前这些记述的部分内容作为养料加以消化吸收（遗憾的是徂徕没有被包含在内），一边聚焦于涌入都市社会外缘的"流入者"，通过多角度镜

头的使用，考察这些人的文化形式在时代变换之下的走向。从这一点上来看，他的工作极具现代意味的立体性，并在这个意义上，可以说是展现了新的视点和新的记述方法。这像结晶物一样的立体性的叙述，采取了对同一个历史经过从各个层面进行拍摄的方式，这一点也充满了魅力。只要空间上的局面差异与时间上的历史变换相关联，论述就会充盈着一种整体性的感觉。

不过，如果从一开始就这样从市村的论文中肆意地抽取出精华的部分，并在放大镜之下加以描述，这多少会显得过于抽象，也会给读者带来困扰。我们还是不能一概忽视世人的习惯的。所以首先还是作些具体的介绍，把评价和批评在合适的时机穿插在其中。

这篇论文以那些抱着"到了大城市总会有办法"的想法涌入城市边郊的贫民群体的生活和精神为核心，以具有象征意味的概括性笔法，描述了化政和天保时代——那时的江户社会已经逐渐呈现出末期的症状——都市外缘部的样态，并以此为出发点，记录了一部都市社会的精神史传记。他所选择的这一出发点对于现代来说极具启发性。当一个时代、一个社会已从内部显露出崩溃的症状时，涌入都市外缘部的"穷苦人民"正是完全承受了这种崩溃之痛的人群，市村通过描述他们作为物的住所即"棚户屋"的构造，对这些人的生活方式和精神形式进行了刻画。这样的写法不仅非常巧妙，而且还很有象征意味，能使人马上联想起在现代都市——它亦处于另一个崩溃期当中——的外缘部存在着的简易居所和私建的木造公寓群并做出对照。第一章以"棚户屋"为题目，不仅从感觉上显得新颖洒脱，而且也准确地展现了一个意图描写包括生活方式在内的思想史的作者必须具有的视野，在这一点上，这部作品极其具有象征性。同样的象征性，在他用以支撑其叙述而引用的材料的选择方式上也得到了体现。文章所引的书籍只有两本著作。一是武阳隐士①的《世事见闻录》，二是寺门静轩②的《江户繁昌记》。我们万不能因此就下表面化的判断，说市村仅仅读了这两本书。在那些不管在什么场合下都要开列其读书的总目录并以此而自得的学者那里，再加上没有灵敏的感知力，很容易作出这种轻率的判断。在这种风气的影响下，我们一般读者也渐渐丧失了读解的能力，容易动不动就仅凭字面做出像现代日本的法官那样的审判。如果能够读出文章字里行间的含义，就会发现，除了被引用的这两本有代表性的书籍之外，其实从战前的江户社会的研究者开始，直到最近的专门的史学家，作者都作了调查和认真的选择取舍。对于化政、天保年间这两本有代表性的著作，是与研究对象同时代的作品，引用其中的内容，能够鲜活生动地对文章的叙述形成支撑，因此才被市村所采用。如果有人把这种节制误以为是无知的话，那只能说

① 武阳隐士，生卒年代不详，幕末时期的随笔家、武士。1816年著《世事见闻录》（7卷），分武士、百姓、寺社人、医业、阴阳道、盲人、公事诉讼、町人、妓女、歌舞伎等等，按身份的不同，分别记述各个阶层内部包含的矛盾与问题，对化政时代的世态人情和风俗作出了尖锐的批判。由于详细记载了江户后期的村落等都市百态而被研究者所重视，用以了解当时社会各个阶层的日常生活实态。——译者注

② 寺门静轩（1796～1868），幕末时期的随笔家、儒学者。1830～1844年间著《江户繁昌记》（正编5册、后编3册）。自称"无用之人"，以戏剧的文体对幕末时期的人间百态作了形象生动的描绘。由于其中带有尖锐的讽刺意味，触动了幕府的忌讳，招致笔祸，被迫流浪诸藩。之后幕末和明治年间出现的一系列繁昌记，都是以寺门静轩为始祖。——译者注

这是一种无可救药的"不会读书"的表现了。引用的方式已然包含了这样重要的意义在内，再加上引用的取舍之际对"掉书包"做法的抵制，才使得市村叙述带有象征意味的简约性。我相信，在论文的第一章"棚户屋"中，这种关联性得到了非常好的贯彻。谈到"棚户屋"的实态时，市村引用了《江户繁昌记》，而在谈到"棚户屋"所具有的政治社会的意义时，则引用《世事见闻录》，这些引用分别给文中的叙述增添了生气，并且两者的组合也非常适当。作者对文献的使用不按照化政期、天保期这种以年号为单位严格划分界限的做法，而是将两者的代表性记录全部放在一起，将各自最适合的工作分派给这两本著作，由此确保了整体的立体性。他是怎样做的呢？首先来看他对"棚户屋"的实态的描述。

当去各处宣传幕府的慈善赈济政策和俭约令①的人出现在"棚户屋"的一隅时，从薄薄一墙之隔的邻屋传来了不服的取笑声。"进了门就喝粥，出了门就去捧芝翫（歌右卫门）②的场"，咱们的生活就是这样，这里边有什么上头的恩惠？还说什么"俭约！俭约！"。听到这里，还以为是几个贫苦的小民在说着风凉话（dandyism）解气，谁知却是两个按摩师。他们两个你一言我一语地说着戏弄时弊的话，

———

① 俭约令，江户时代幕府和大名为解决财政困难颁布的诸事简约的法令。——译者注

② 芝翫，即中村芝翫，是歌舞伎演员的名号。因名号为代代世袭，之后的传人都承袭这同样的名字，所以作者在括号里加上另一个名字，以示澄清。第一代中村歌右卫门出生于1714年，第三代中村歌右卫门既是歌舞伎演员，同时也是俳句作者，笔名为芝翫，艺名由笔名而来，由此形成了中村芝翫这一名号。——译者注

"如今的世道可是景气了，要是这么着，当个检校①也不是个多么难的事了"。市村所引的两个按摩师的这番风凉话，包含了对化政时期以千两买官的检校制度的强烈讽刺，对此我将不惜冒僭越之险，再作一番补充。在有权有势的检校面前，两个按摩师将穷困潦倒的自己模拟给他们看，这种讽喻（parody）既是对带着说教意味的施行政策的讽刺，同时也是对自身的穷困发出的颇具勇气的鞭策。讽刺性的风凉话与讽喻，本来就带有这两个方面的发动力。刚才的风凉话也带有同样的性质，那刺向对方的力量，同时也反弹回自身，向自己注射了生存的勇气；那鞭打自己的力量，也反弹回去，猛烈地发射出刺向对方的语言。这才是讽刺、讽喻（parody）和揶揄（dandy）的内在力学原理。如果是这样的话，那不管今天在表面上讽喻（parody）文化如何流行，如果其中缺少了这种双向的发动力的话，那它就只能是讽喻（parody）的模仿，而不能算是真正具备了精髓的讽喻（parody）文化。那么，在化政、天保年间的"棚户屋"的文化形式中，有可能存在着迫使我们对现代发出自我批判的要素吗？这其中的关联——也就是讽刺与讽喻（parody）的内在力学以及与知晓这一点所具有的现代意义——如果仅用市村氏所说的"棚户屋"文化的"哄笑的空间"来总结的话，有些未能真正触及问题核心的遗憾。但是，他对贯穿在"棚户屋"里的"价值秩序颠倒的气氛"的叙述却无疑是抓住了要害

---

① 检校，平安时期开始设置的一种官职，负责监督寺庙和神社的事务。但在进入室町时代之后，检校开始专指盲人担任的官职。文中所指的即是后一种。在当时，从事按摩、针灸、评弹、歌乐等职业的盲人若也想谋取官职，可以接受考试，交纳大量金钱之后，即可被授予检校之职。——译者注

的。比如在按摩师的例子之后他这样讲道，"在胡同深处，被催缴房租的房东催得无计可施的浪人，为表达自己的志向念起了长篇文章，让房东昏昏欲睡，以作击退之策"。这里已经明确地显露出"武士的志向也变成了拖延房租的手段"的一种状态。接下来对"房东、里正、当铺""寺社与儒者"的带着嘲弄意味的叙述，也很明显地证明了这种基调的存在。于是，就算过着吃粥咽菜的清苦日子也要演演反派角色以寻开心的城市里的穷苦町人①，说着讥讽的俏皮话儿来振作精神的按摩师们以及廉价兜售自己志向的、滑稽而又有切身之痛的一介浪人，所有的这些人们，在"棚户屋"这种包括家门口、胡同、厕所、水井和阴沟都是共用的小小区划里"纷杂赁居"，身份制度在这样的地方被彻底地消解并消失不见。这样的一幅情景，在市村弘正对寺门静轩的引用中得到了生动的描述。而寺门静轩本人为什么能承担足以获致流放处分的社会意义，可以说在其中也得到了阐明。只是市村本人并没有这样说出来而已。

但是，市村并没有对"棚户屋"的"大笑大笑"的世界持全面肯定的态度，这是他与当今的祝祭学派的不同之处。让我们引用他的一句断语："酩酊是不可以日常化的"。以哄然大笑的方式强行振作，无法改变穷困的事实。在这时，他让《世事见闻录》再度登场。说"再度"，是因为在第一章的开头部分，指出由于"穷困人口"的涌入致使出现了棚户出租屋如赤潮般膨胀的结果时，作者就借用了《世事见闻录》来讲述。这样就在《繁昌记》之后再次使用了从年号上来讲属

———

① 町人，指近世时期居住于城市的商人、手工业者。——译者注

于上一时代的文化的《见闻录》。这很明显地体现了作者在有意识地对材料进行统合性的选取运用。那么在这种情况下,《见闻录》中值得关注的是哪些地方呢？武阳隐士在此书中,一方面记录下了几近崩溃的、化政期幕藩社会的状况,另一方面,在他试图重建体制的意图下所作的叙述当中,很多地方都灌注了作者具体的危机意识,而这与重建武士精神等抽象的说教是完全不同的。其中最有紧迫感的,是在陋巷的棚户廉租屋的世界里集结的、等待着并且煽起"世道大变"的"恶意"的危险性。市村在这里是把它作为对社会形成破坏性作用的例子来引用的。当这种"恶意"成了摧毁世道以及改造世道的原动力时,它就具有了政治社会层面上的意义。通过将这种"恶意"作为问题,在棚户屋内部积攒的"大笑"式的恶意就与更广的世界建立了关联。若就这两本书的关系而言,市村借着《见闻录》中天下国家主义的观点,将《繁昌记》中游戏人生的视野巧妙地相对化,并且又借了《繁昌记》的讽刺的精神,对《见闻录》中儒者的政治主义要素进行了修正。也就是说,《见闻录》中所说的"恶意",作为在当时世界上的一种实际存在,不仅存在于城市底层民众的打砸行动和农村百姓的武装暴动中,而且也存在于被归入"恶所"① 的"戏剧小屋"② 之中。虽然有的"恶意"最终走向了对实力的推崇,但是经由虚构（fiction）的媒介之后产生的带有批判性质的"恶意",却以更

---

① 江户时期将花街柳巷和上演歌舞伎的剧场等统统称作"恶所"。——译者注
② "戏剧小屋"指的是上演戏剧的小剧场,这里可能指农村居民自己筹钱建的"农村舞台"。日本现在还保留下来一些江户时代建的"戏剧小屋",作为电影院和市民活动设施而被使用。——译者注

大的规模而且日常性地存在着。它也进入了"戏剧小屋"这种场所，这在前面已经提到过。于是，从《见闻录》到《繁昌记》，再向《见闻录》以及再向《繁昌记》推进的过程中，相互的制约性得以累积，其结果就是棚户屋的世界所具有的意义得以鲜明地、立体地被整体呈现出来。一直以来，在对棚户屋和町人文化所做的"研究"中，常有些难以摆脱的顽疾，那就是恣意的好事者姿态和对个别的细枝末节的考证癖——当然这在拓展事实方面具有重要的意义，对此也应致以敬意、给予充分肯定——但在这篇论文里，可以说这些顽疾在方法论意义上得到了克服。

三

于是，对于发生在江户末期、颠覆了幕藩社会的社会构成的"世道剧变"，市村弘正不是停留在政治的表层，而是深入到大众的生活方式——政治层面的表现也包含在了其中——的深层，对产生这种"世道剧变"的原因做了较深程度的揭示。从乡下或是从城市中心等各种地方出来的穷困者涌向了城市的陋巷，市村弘正通过对陋巷里的棚户世界的关注，对如上问题做出了解答。如果说在江户社会的末期，没有上述生活方式的变化在根底的累积，那么不管"勤王之志士"有多大的能量，仅凭他们，这样一个大型社会的崩塌是无论如何也不可能发生的。

因此，在他的行文中直接省略了"志士"的政治运动，在简洁的第一章之后马上跳跃到了明治时期，进入了对"都市流入人口"这一发生在维新之后自上而下的"文明开化"的新的复杂状况的叙述,这是极为自然的,也极为合理。从论题来看属于从属性的内容被大胆地砍去,从方法上保证了简洁性的贯彻。所以,如果有些凡俗的"研究者"看到这种行论方式,以为这是像庭院小径上飞石的罗列一样从断片到断片的排列,那么这样的"研究者"就连作为读者的资格来说都是不够的。方法上的飞石是一种艺术,从现实中抽取出来的断片因其排列方式的不同,会使断片获得再生,呈现出新的整体图像,这才是人类社会固有的历史性考察的特质。所以在这篇论文的第二章,作者关注的是伴随着"明治新政府的成立"产生的"新的权力者以及与之相关的人""向东京的大量涌入",即与流民的性质迥异的"上京者"群体的出现,并以此为出发点展开论述。这群人的精神态度、行为方式的特征已经为人所熟知,但将其与"跟不上时代节奏"、被甩向社会底层的贫民的生活态度作为对照的两极去把握,则是在这篇论文之前从没有过的。而且将这种对极性通过对一种日常风俗的描述来刻画,这种做法之前也未曾见。在这一章里,通过对极性的状况给成岛柳北①的批判精神赋予位置,从而形成了一个极富魅力的三极关系。

　　新的权力既然作为新权力而出现,自然对原来的"江户"抱有反

---

　　① 成岛柳北(1837～1884),汉诗人、随笔家、评论家。生于江户,幕末时期曾担任外交官职。幕府统治结束后,1869 年成岛退隐闲居,不出仕明治新政府,成为平民,自称"无用之人"。明治维新后曾跟随新政府的官员赴欧美考察,归国后辞官。1859 年至 1871 年间著《柳桥新志》,描绘了柳桥地区的花柳巷的人间百态,同时也是对明治维新前后由江户向明治转换的世间百态的描写,书中对新时代流行的风俗进行了快意嘲讽。1874 年担任《朝野新闻》社长,对新时代的文明展开批评。——译者注

感。在行为方式上，这种反感常常是通过践踏在以往是江户文化精华的部分来释放，同时，他们又故意将出身于萨长地方的乡下人的特性野蛮地暴露出来，还常常伴随着作为新的"文明开化"的旗手对一些时髦派头的自我夸示。这种对原始的地方性特质的夸张与对新文明的世界性特质的张扬结合在一起，与传统文化那考究的派头形成对立，这是在几乎所有的新文化中都会存在的、"前卫的"普遍倾向，对于其在明治时代的表现，我觉得其本身还是非常容易理解的，但是，当它是为自身争取权力而表现出来的时候，自然马上就会遭到比如来自侠义心和美意识的激烈的反拨和批判。对于这些新权力者的精神倾向与行动方式之间的内在关联，很遗憾，市村并没有作出丝毫说明，而是直接进入到柳北对酒席之上新权力者的粗暴举止所作的著名批判部分。在这一点上，确有把三极关系中的一极处理得虎头蛇尾的遗憾。对于市村来说，他只把这种"粗暴"看作是毫无自觉的、自然的举止粗暴，而丝毫没有想到这可能是一个文化上的表现。但是在引用和介绍成岛柳北对权力发出的批判、阐述柳北的精神构造的段落，市村借助对事例的使用简洁明了地直击核心，并不见丝毫的躁进。市村对柳北每一阶段的总结都极其精到：在《柳桥新志》中的成岛柳北是个游艺界的能人，眼看着"那些不知自己乃是在虚构的世界里悠游的酒客们急剧增多，他也在其中看尽了从江户到东京的变迁"①；作为报社的记者，他满怀旧幕臣的侠义之心和拒绝投机的精神，"隐遁于世而

---

① 明治政府取代幕府统治之后，将都城从京都迁至江户，并更名为"东京"，因此从江户到东京的变迁实则反映了时代的更迭。——译者注

又不忘振声发言"；他从"一心只想在以权力为中心的政治领域中飞黄腾达"的官员社会的上升轨道中"毅然退出，选择了辞官不就甘任一介平民这一积极的不作为"，从而成为一名隐士。市村说柳北身上俨然存在着一种"对外界的落差的感觉"，进而从中产生了对于高位者的"反讽"以及对于底层草根的共鸣等等。而通过对"落差的感觉"的归纳，市村的叙述准确无误地与另一个极点——棚户屋的世界建立了连接。

与一心攀附官途、做着"上升运动"的上京者们形成鲜明对照的是聚居于民间佣工介绍所"请宿"的一群"被甩到社会底层的人"，其中当然也有一些是没有如愿走上仕途的受挫者，但占据压倒性多数的还是那些在夹缝中艰苦奋斗、寻找生存机会的贫苦人民。市村弘正通过服部抚松《东京新繁昌记》的介绍，记述了这群人生存状态的一端。当"开化"是权力发出的强制性要求的时候，住在棚户屋里的人们不管是求职还是"行走于市里"，都不得不穿着与时代相衬的服装才可。在江户时代后半期，"租衣店"就已经在都市中颇为流行，而此时就以一种新的形式更加流行起来。在化政和天保年间，下层民众"纷杂赁居"的实态就像"棚户屋"的住户一样——在大街上走动的时候，浪人就穿成浪人的样子，挑担沿街叫卖的货郎就穿成小贩的样子；但是在统一的权力以统一的方式推进统一的新政策的时代下，这种穿着与生活实态相匹配的情形就很难像以前那样做到了。于是，那些四处求生活的人们穿着借来的衣服，"临时变身为开化者"，左右奔走着谋生。在描述这群"被甩到社会底层"的人们"租衣"的风俗姿态中，市村弘正结束了第二章。这真是一个崭新的切入点。但是，如果在这里能看到，来往于"请宿"的棚户屋住户们作为不得已的穷极之策形成的"租衣"风俗，正无意中而又明确地对权力中枢从"江户"到"东京"的改称中体现的"租衣的性格"做了讽喻（parody），从而对这种结构上的关联作出说明的话，这个崭新的切入点就会使整篇文章上升为一个更为紧密的结晶体。这一点作者没有做到，我感到多少有些遗憾。如果是这样的话，那么在本章中成岛柳北与"请宿"世界的关系就不仅仅停留在相关的层面上，而是会看到，在有意识的脱离者柳北的反讽（irony）与"请宿"世界的讽喻之间，有一条看不见的线连接起来并遥相呼应（而且这也可以在一定程度上得到实证）。如果是这样的话，再加上伴随着以权力为依托的"开化"而产生的出世主义，这之间存在着的三极关系，就形成了一个清晰的结构性关系。可惜的是，文章在结构上的统合力尚嫌不够。这一章从"墨上隐士"中取了"隐士"二字做题目，但这个题目听起来似乎还是停留在了柳北的世界，没有扩展到"请宿"的领域。其结果，就使人感觉在第一章里寺门静轩与棚户屋世界之间看得到的那种一体性，在第二章里并没有以其他的形式建立起与之相呼应的关联，这也在根本上来源于刚才所说的缺点。

夹杂着说明、评价与批评，当介绍到这里的时候，相信市村弘正确切的主题是什么，已经可以清晰地浮现出来。这篇论文并非像作者自谦的那样，仅仅是一篇都市外缘社会的"小型传记"。我们应该看到，在对都市的贫民社会作出了生动描写的同时，对那有意识地代表了或是呼应了都市下层民众充满苦痛的生活方式，以笔为戈对于当时占据支配地位的权力中枢以及作为其基础的鄙俗社会展开了生动批评的文笔家的思想特征，在论文中也得到了鲜明的刻画。市村的主题非常明确，就是追寻着历史的脉络，对以上两者之间的关联——包含了龃龉在内的关联——进行粗线条的勾画。这篇论文的卓越之处，就在于这一主题坚实的贯彻度，以及为确保主题贯彻度而对材料进行选择的精确眼光。

四

主题意识与素材的这种完美结合，到了第三章终于遇到了最具材质感的对象，而得以无憾地表现出来。

第三章处理的状况，是"文明开化"时代结束、明治国家开始渐趋稳定、末期自由民权运动得以最后展开的明治20年代初期。这时在政治领域出现的新的流入者是"壮士"这群人。由于壮士们粗暴的武力特征和非实用性，已经渐次暴露出实用主义倾向的一般社会开始逐渐地对他们冷眼相待。这一事实已经广为人知。但市村弘正主要着眼的并非这一事实本身。他所着力论述的，是中江兆民的讽刺精神和生活方式，以及在国家的制度化过程中被逐渐逼到穷途末路的都市贫民的新的苦恼。中江兆民面对着世间无情的白眼，断然为"壮士"们辩护，痛切地指出毋宁说是当时的国家社会才存在着问题。在这里，作者以中江兆民为主轴，追寻着三极，不，正确地说应该是四极——国家型社会、壮士们以及兆民与贫民社会——之间的漩涡型关联。

中江兆民"顶着世间批判壮士的风潮"，带着与之对抗的意味，于明治21年专门写就了《壮士论》一文。市村所引用的兆民的文字以及他对这些文字意义的说明都敏锐独到而且清晰。兆民将维新史"作为壮士的历史加以总结"，他说，推翻幕府、实现王政复古进而一直到国会的开设，发挥作用的都是壮士们，如果要授予勋章的话，难道不该给壮士这一群体授予一等功勋吗？市村引用了兆民的这段话，并准确地看到兆民以这样的书写"暴露了那些功成名就、斩获勋章的'原壮士'们——现在的掌权者们一心只想官途高升的现状"。所以市村很明白，兆民所描画的壮士当然不是现实中的本来样子，而是兆民加入了一些自己思想的、建构性质的理想类型。有这样能深解其中意蕴的读者，兆民先生当为之高兴。我认为这一点——即不是以写实主义的风格来谈论对象这一点——不仅局限于《壮士论》，而是在理解兆民的思考方式以及表达方式的时候最需要注意的地方。

　　以特意为社会评价不高的壮士做辩护的形式，兆民在展现了他的侠义心的同时，也向当时那些一步登天的有势者们组成的社会发出了猛烈的批判。这样的视点，能够直接导向对只知醉心于体制完备的整个支配体制的根本批判。市村并没有忽略这一点。他在引用兆民"四千万人之沙漠"一文时，首先发现了兆民对于当时满口"权利""义务""条例"之类的词语——仿佛就是"一个大法庭"的国家导向型社会到底是在什么人的牺牲之上建立起来的类似问题的批判。然而，法庭上"诉讼所需的费用是由谁来出的呢"？是"平头百姓"，兆民说，是"陋巷里的木工、刷墙工、收破烂儿的"，等等。当然，缴纳税金的不是只有他们。而且从总量上来看，他们所支付的份额也是比较小的。但是若从牺牲量的大小来看，他们所付出的牺牲是占绝对多数的，甚至要付出生命的代价。正因为如此，兆民才没有空谈大道理，而是凛然直言——直接承受了法律制度的成本的，是那些平头百姓和棚户屋的住户们；而市村弘正也带着来自于自身经验的满腔赞同之意引用了兆民的话。正是他们这些贫民们"饮泣着接受了现实，愤怒着终于还是服从了压制，带着一股就当是全都供给灶神了的心态，缴纳了那直接的间接的租税、或明的或暗的供给"，才使得这个国家的制度得以确立。所以，兆民在文章中毫不留情地贬斥道，在这个制度中春风得意的那些"戴着山高帽、身着燕尾服"的家伙"才是吃人的魔鬼"，在他的文章中跃动着的，是那些随着明治国家的完成被逼到绝路上的、"愤怒的"底层人民奋力求生的生命状态。

正因为如此，兆民自己选择了在棚户屋的世界里，生活于个人形态的"大饥荒"之中。通过自己"逸出常轨"的贫困生活本身，他"废弃了那已固定下来的社会结构"。市村在将兆民的态度与柳北的情形进行了鲜明的对比之后，这样概括道："柳北是用自己感觉之中的不和谐来面对时代状况，而兆民则是用自己生活方式中的异质性要素与之对立。"对于这一命题，我满怀敬意表示赞同。

五

行文至此，读者已可得知，"胡同深处的棚户屋世界"在化政期曾经有过的、在政治社会和生活社会两重意义上的自由奔放性，到了明治中期已经被剥夺，此后棚户屋的世界一步步地走入了国家的统制之下。兆民的那句话所揭示的就是这一过程中的苦痛。对于这些苦痛，如果我们能带着些许爱的温情来面对的话，就一定不会忽略那痛苦是如何一步步逐渐增加的。那些被压迫的人们，他们的痛苦的增加过程，其实是在很短的时间里完成的，而其中的每一个瞬间都是质的深化的阶段。那是"如此漫长的一瞬"，每一个瞬间都越加扩大并再生产了痛苦的漫长。关于这种苦痛史的辩证法，市村弘正并未直接作出说明，而是在向第四章过渡的方法上运用了它。第四章的"木制赁屋"，虽然从历史时期来讲与第三章属于同一时期，但作者在处理方式上却采取了首先对明治 30 年代初涉及的方式——这是类似乐曲里赋格的形式。也就是说，在历史时期上虽然有着相当的重叠，但其问题的表现却大相径庭。在这一部分，兆民已经不再出现。在兆民还在世的那个时期，社会的绝大部分已经孕育着"不再有兆民"这样的问题，朝着压煞"贫民街"活力的方向迈进。

对于这个过程，作者作为剩下的最后一个过渡期进行了描绘。在作为贫民窟与临时贫民窟的木质赁屋里，"褴褛"的愤怒依然是"一个修罗场"，翻卷着湍急的漩涡。"卖糖果的小贩一谈起政治来"，"对现实政治的批判责难"就如江水奔涌，滔滔不知尽头，作为听者前去探访的新闻记者也惊讶于"其言论之过激"，生怕自己也染上"嫌疑"而匆匆逃离现场。在这里，存在着一个任凭是何种"大博士、大国手"都无法诊断、对其束手无策的"错综交织"的"暧昧的空间"（市村）。但是，像柳北和兆民这样的、一身肩负着修罗的愤怒与复杂的混沌、向社会中的大多数发出快意批判的人，已经不再有了。那么有的是什么人呢？从狭义上来讲，是不断职业化的新闻记者，以及作为新的流行而出现的文明慈善的"社会问题家"。职业记者一心扑在写作贫民窟的"报告文学"上而丧失了共感能力和批判精神，社会问题家则失措于修罗场的不洁与混乱，至多也就表现出恐惧和做慈善般的同情而已。在这些人当中产生的意见，不过是"木造租房改造论"和"贫民窟整理论"而已。而且这与国家的统制并无矛盾。明治20年的旅馆营业管理条令限定了木质赁屋的设置区域，将东京的本所、浅草等地的木质赁屋全部查封，住户登记的法规化最终的结果是向"修罗场"分派了甚至比江户时代远为精密的户籍本。到底是什么使得善意的报告文学作家和社会问题家的意见与国家的统制相重叠呢？如果暂且不谈二者都具有从外部制定计划这一共通点的话，那么还有一个根本的原因，就在于他们的精神态度和思想当中。市村的这一剖析非常深刻。针对既是新闻记者又是社会问题家的樱田文吾"必须从博爱的立场拯救贫贱的劣势群体"的命题，市村这样批评道："劣者所带有的劣势性，在现实中不断失败，但也终能披荆斩棘，这样的世界在他那里是完全想象不到的。"这真是卓越的思想，这不仅仅是对职业报告文学写作者和社会问题家的批判。通过其解释和批判的方式体现出来的市村弘正自身的信条，也在这一行文字中得到了集中体现。在今天的日本只追求此世的利益和成功的、压倒性的超实利主义的风气中，"在现实中不断失败"、同时通过失败这种重要的经验来开拓一个世界的"劣者所带有的劣势性"，其所具有的可能性和形成世界的特性，市村虽深入得不足，但有如此水准我仍感到不胜欣慰。这一欣慰，恐怕就在于市村在以自己的方式不屈地走在他所书写的意义上的柳北和兆民的道路上。

于是，棚户屋的世界在明治中期以后一步步地处于国家的统制之下，一步步地"均质化"。而在这均质化了的都市空间之上，日清战争之后新出现的流入都市的人群，他们的行为方式又是怎样的呢？也许这已在相当程度上为人所知了，那就是一心钻研"处世术"和"立身处世的技术方法"的生存方式。在其根底所贯穿着的，只能是"机会主义的现实感觉"。曾经在明治初年出现过的、新权力一心放在官场升迁上的那种出世主义，尽管功利，但其内部依然包含了新权力投身于建国大业的勃勃生机——遗憾的是，对于这一点，市村氏完全没有涉及——，但当建国大业终于完成时，绕了一圈再次出现的出世主义，却是既不认为有需要奋斗的事业，也不认为有警惕失败的必要，而仅仅是一种狭隘的利己主义，它所祈求的仅仅是己身的稳定成长的机会，是一种婴儿保温箱式的愿望。这正与经历了战后运动期的当下的状况相类似。在由"处世术"支配的世界当中，作为人类的"经验"只能消失不见。而与之相应，那萎缩了的批判精神也只能是"高等游民长井代助的梦想"① 了。

到了这里，以从化政期到明治末期流入都市的人为核心所撰写的精神史就完成了一个循环。由于我不合时宜地在介绍的时候想加上一些说明的文字，所以基本上除了第五节之外，作为叙述而言我的介绍是难以令人满意的；然而市村的论文除去对历史的叙述有一些含混不清外，大部分都是很精彩的。现在，我们已经站在了这篇文章的终点，接下来应该怎么做呢？对于市村在最后简要提到的方针，我将不再作介绍和批评。这是因为，这个问题其实属于我们当中的每一个

---

① 长井代助，夏目漱石《后来的事》小说里的主人公，年过三十而无职业，依靠父亲的财产生活。——译者注

人，而且就我而言，在之前强行混杂了介绍、说明和批评的记述当中，对此已作过一些论述，所以要提方针的话还是尽量有些启发性的才好。只有当人们的思考接受了这一启发，并且在相互主体性的关系中开始活动的时候——只有到了这个时候，人们的思考才会是充分的社会性的思考。

"昭和"是什么

——关于年号的批判

前　言

今年是"昭和五十年"，正值"战后 30 年"之际，可以想象新闻出版界（journalism）应该会竞相围绕这两个时间段的划分大做文章的吧。既然新闻出版界本来就是彻底的时间性的存在——虽然就这一词语原本的含义来说未必如此——，如此热衷于对时间的分段，似乎也无可厚非。但是，我们是不是可以稍微忠实于这一词语的本来含义，对它作为"旅程的记录"——也就是对身在异乡的经验的记录这一侧面多加重视呢？如果我们能在注重越境经验这个意义上尽量"国际化"一些的话，就会发现，"昭和五十年"这种划分时间的方法其实仅仅在把它作为批判性解剖的对象时才具有意义，它并不具备足够的重量来匹配第二次世界大战之后已经过了"一代人"这样一个事实。第二次世界大战是难以更改的事实，日本帝国在这场战争中的失败也是不可动摇的事实，在那之后已经过了"一代人"同样也是事实。虽然就我个人而言，比起"世代"这个说法来，我更喜欢使用"某某时代"这样的说法，但"世代"是测量历史性时间的一个尺度，而且是一个不管是在什么时代和什么社会、都有其普遍性依据并被大家所接受的词语，我并不会因此而忽略这样的事实，否则那将显然是极不恰当的。比起"世代"这个范畴的普遍性，"昭和五十年"这个说法尽管也是个事实，但这个事实不过是：它是仅在日本人当中、而且是仅在生活于现在的日本人当中才通用的一个说法。如何选择测定现在的历史性位置的"时间的尺度"，其实是一个根本性的精神态度的问题，它直接关系到是选择尊重普遍性的真实，还是拒绝它甚或是遮蔽它的问题。①

---

① 虽然此处没有对"世代"范畴多方面的功能及其历史变迁进行概括和阐述，但需要指出以下两点。第一点是，贯穿于人类历史上所有社会的"世代"，本来都是作为普遍性范畴而存在的，但自19世纪中叶以来，面对"实证主义"的时间尺度——它将所有的社会性范畴都分解为可计量的事物——的攻势与扩张，反而被挤压到了一个像是特殊的"地方性存在"一样的位置上。这一事实产生了一系列的结果：在所有的工作和事情上，时钟意义上的"分、秒"都占据了支配性的地位，并由此形成了一种"对速度充满狂热"的精神态度，人们竞相在"分、秒"上争夺先机。需要注意的第二点，就是"昭和多少年"这个本是从社会最底层产生的特殊的、以年号为划分标准的时间范畴，竟然好像成了一个自上而下地测量"世代"的共通尺度一样被滥用着（如"大正那代人""昭和那代人"等等）。于是，"世代"这个具有社会史的普遍性的范畴，在政治制度上的特殊事物（年号——译者注）带有的虚假"公共性"面前，竟然成了一种"需要被测量的东西"，成了被动的存在。

于是，社会持有的普遍性范畴，一方面被产业技术的整齐划一的范畴——它将万事万物都按照同样的原理进行分割——从活动舞台上排挤下来，另一方面又在国家的制度性的公认范畴之下被贬为被统治者。"时间的尺度"的问题，就这样成为一个被夹击到技术的世界与国家的世界之间的、社会的根本性问题，今后是否能够继续存在都十分成为问题。

一

30 年前，在将日本帝国的战败及无条件投降的决定"告知"民众的"终战诏敕"中，既没有出现"战败"这一字眼，也没有"投降"一词。最早注意到这一怪异事实的并不是日本人自己，而是因写作《亚洲的民族主义与共产主义》而闻名的 William Macmahon Ball，这样一个事实极富"象征"性（《日本：是敌是友?》，筑摩书房出版）。虽然 Ball 在解读这一事实的意义时对日本统治者在战术上的狡猾有过高估计之嫌，但在《朝日新闻》等媒体上被称作"圣断"被多番报道的、帝国最高责任人的"决断"，却是这样一副面目：明明是投降却不说是"投降"，战败也不说是"战败"，只是说些"因时运之所趋，朕欲忍其所难忍，堪其所难堪，欲以此为万世开太平"以及"战局未必好转"等话，而这话的真正意思是什么则全部推给听者——也就是日本国民，靠他们自己的推断力来判断。天皇所谓的"圣断"就是这样一种"决断的告知"。所以有相当数量的人因之产生疑问——这"圣断"到底是什么，就算想糊弄也请适可而止吧——也是很自然的事。当然，看看身边就会知道，包括自己的家在内，视线所及之处到处是焦土，炸弹如雨点般到处响起，食物一无所有，因此要是说"战局未必好转"，当然人们会知道这就是战败了。但是，在帝国"统治权的总揽者"① 正式宣布自己帝国的战败、并把投降的"决定"向"被统治者""告知"的"诏敕"当中，却使用了如此暧昧不清的表达，让"被统治者"用自己的常识来判断这到底是怎样的一个决定，这作为"统治者"来说难道不是失格么？之所以这么说，是因为，所谓的统治权或说主权，在终极的意义上就是指对于"非常事态"和"例外的状态"做出判断和决定的权限。可是之前还说要"彻底抗战"，一转眼却作出了"无条件投降"这 360 度大转弯的决定，另一方面却在发布这项决定的时候没有一句干脆明白话，语焉不详地拿些汉字成语来撑门面，然后"请大家了解为盼"，由此来看，这项本来应该成为决定或是决断的声明实在称不上是决定，也丝毫称不上是决断。决定和决断是需要明确采取何种行动方针的，因此表述一定要一义和明确。只要想一下，一个既让人向左走同时又让人向右走的决定是不可能作出的，就可以明白。因此在必须要语意明确无歧义这一点上，就可以看出决断是不同于理解或是认识的。

不同于决断的是，理解和认识需要尽可能地包含多个层面，有的时候甚至需要特意采用多义的（暧昧的）表达方式。而决断则不同，在理解事物的时候需要涉及多个层面，然而在理解的基础上要决定采取何种行动的时候，决断就需要从形成其前提的多面的、多义的理解

---

① "统治权的总揽者"这一对天皇地位的规定出自明治国家初步建立后 1889 年颁布的《大日本帝国宪法》。其中第一条规定"大日本帝国由万世一系之天皇统治之"，第四条规定"天皇乃国家之元首，总揽统治权，依宪法之条规行之"。日本战败后，1947 年颁布的新宪法取消了这一规定，指出天皇只是国家的象征，主权归"全体日本国民"。——译者注

之中一跃而出，具备明晰性——它必须是一义的，不论从哪方面看都只呈现为单一的面目。当然，作为行动原理的决断关系到一个一个的行动，接下来它也必须再次返回理解的层面，检阅这一决断的好坏以及适当与否。如果只有单向的决断、没有这个往返运动的话，那这种决断至上主义就会导致不合宜的行动，或是反过来导致行动虚无主义。而另一方面，如果走进了多层面的、多义的理解领域而走不出来、形不成任何的决断，那就成了犹疑不决和没主意。而且，正如其他的事物一样，行动也存在着许多的层面，在某一社会层面上做出的决断和在其他层面上的行动的决断不一定要完全一样。许多一义的决断是可以同时交叉并存的。就像道路的立体交叉一样，在相反方向上的一义的决断可以不相矛盾地凛然并存。也就是说，决断可以存在多重构造。刚才提到的 M. Ball 的误读就与此有关。他怀疑，日本的统治者之所以不使用"投降"这一词语，可能正是因为他们已经明确确定了在表面上"打马虎眼"的策略、但实际上是毅然决定要在此掩护之下暗中图谋军国主义的再起。日本的最高统治者在他眼里看来似乎具有相当强的决断能力。有的时候，丝毫不具备决断能力的人，在毫不相识的人眼里，会显得就像是拥有最高程度的复杂决断能力。虚弱体质的人有时也难免会被误认为是柔筋软骨、优美体态的拥有者。事实上，在 1945 年 8 月 15 日那天的日本统治者，不仅不具备复杂的高难度的决断能力，甚至连称得上决断之名的要件也完全不具备，这从数年之后的经过来看，已是非常明确的事实。没有高度的理解能力，也就不可能产生可以包含多个层次的复杂的决断。他们多少年来都是这样浑浑噩噩度日的。

二

　　由于以前就曾对"终战诏敕"提出过批判，今天的这番议论已算是再度批判，在这个意义上，也许我已为这一重复的工作占用了过多的篇幅。但在"终战诏敕"中得到典型体现的精神层面的"不决断"、一切仰赖听者的理解能力而不明示自身责任的"依赖体制"以及允许这一切存在的国民的"批判力的欠缺"，竟是写在日本"战后"第一页的内容，对于这一事实的重要性，是无论怎么强调都不嫌过分的。因为在其中暴露出来的，是依靠法律和政策一类的措施不容易矫正过来的、属于精神层面的体质性的问题，因此更是需要不断地进行确认。在经历了战后"一个世代"的变迁之后，"昭和"这一年号一直延续下来，到了今天已经是"昭和五十年"，这个事实是写在战后第一页的"不决断""糊弄了事"以及"批判力欠缺"的结果，也是这些问题的延伸。当我们打开历史年表，看上去似乎是先有了"昭和五十年"，然后在那五分之二的地方是日本的战败，之后的五分之三是战后。但这就如同将山峰和低谷等全部投影到一个平面图上、不施以任何着色的地图一样，正是因为每一处事物的形状以及性质的不同完全没有被考虑在内，才会显示成如此形状。无视历史存在之轻重的"实证主义"式的平面图使得作为思考方式的历史失去了。因为真正历史性的思考，是要明辨事件各自的性质以及相互关联的。

　　"昭和"竟然一举延续到了"50 年"，这不过是"战后"处理的方式所导致的结果而已。战后处理本是包含了许多应得到解剖的复杂关系的一个事件，但"昭和五十年"却成了一个内部不包含任何活力、仅仅作为惰性存在的现实。这就是精神史的"不在"，如果这是在 30 年前，这种"不在"的存在是毫不奇怪的。而使得那时精神史的"不在"作为历史的惰性延续到了今天，其根源就在于战后的处理。那么对战后的处理到底是怎样的？话题进展到这里，就显得讨论平淡无奇毫无趣味，而且由于不得不涉及精神史"不在"的理由，所以难免又纠缠于陈腐的事实，但总而言之，导致精神史"不在"的原因有两个，一个就是没有能够废除天皇制，另一个就是没有能够让现任天皇退位。在这两个答案中，"不在"的理由都在于"没有能够"这一否定性的事实之中。如果前一个课题能实现，即废除天皇制的话，就当然不会再有"昭和"，就连"年号"本身也会从日本的年历中消失，这是显而易见的道理。退一步讲，就算天皇制没能废除，而如果后一个课题能够实现，即现任天皇能够退位的话，"年号"是否保留至少会成为一个问题，而就算被保留下来，"年号"也会改变，"昭和"也就会不存在，这也是很明确的。

因此，是否废除天皇制的问题，与不涉及天皇制的存废、只是天皇退位与否的问题，以及"年号"的存废或改变，这三个问题是不可分割地结合在一起的。还有，"日本"这一"国号"本来也是与这些问题结合在一起的，天皇号、年号与国号这三个称号是作为一个组合成立并存在下来的。这三个称号各自在实际生活中被惯常使用的时期，以时钟的时间而言是有些错位的，但是作为质的时间而言，这些称号的成立是具有同时性的。也就是说，它们被制造出来，是贯穿了同样意图的同一个历史变动的结果。具体而言，就是被叫作"律令国家"的这一历史性建筑物的出现，它需要这样的一组称号体系，来作为自身的一个象征。① 但是在这一组称号作为一个组合出现的发生阶

---

① 年号是作为由中华帝国学习而来的国家制度——律令国家——的时间尺度而出现的，在这一点上，它可以说是构成新的人为世界的一个重要元素。它是在对之前的时间基准的质的否定之上建立起来的。

在年号出现之前，"年"的变化只与收获的庆典有关并与之同步更新。本来，"年（toshi）"这一日语词汇，一方面表示"年数"的"年"，同时还意味着"五谷"，尤其是"稻子的成熟"，这两层含义之所以能够被关联到一起，无疑在于"稻子的成熟"。我们用"日（hi）"来计算天数，就是以天体太阳的运行为依据的（"太阳"的日语发音是 hi，表达天数的"日"的发音与之相同——译注），而用来表示月份数的"月（tsuki）"则是根据天体月亮的盈亏相继（"月"的日语发音与"月亮"相同，都是 tsu-ki——译注）来判断，同样的，年（toshi）也是根据配合自然季节进行的社会性生产（育成）的周期来决定的（参照《各时代国语大辞典·上代篇》）。而字典以及字典式的思考容易忽略的是，用于指太阳的"日"不单单指处于运行状态中的天体，而且还是在生产与种植过程中起决定性作用的"日照"的源头；月亮决定着大海的潮涨潮落，深深地影响着交通以及捕鱼业，所有这些又集合在一起，在以"年（toshi）"为代表的社会性时间的构造体中占据了一席之地。〔其中月（tsuki）处于稍次一级的位置上，是在农耕方式占据主导地位之后才出现的现象吧？〕于是，所有的时间单位，至少在一方面都与作为收获期的"年（toshi）"连接了起来。

而随着"年的更新"，作为社会代表的长者（首领）的更替，即作为王者的成人典礼的即位仪式也配合着"年"的更替一起进行。所以，在人们还生活在村落社会中、尚未发展到有年号的国家制度的阶段，常常是以庆祝作物收获的仪式为中心，同时举行村落的首领（村长）、庆典的负责人以及家庭的家长等各个层面上的首领的更替仪式，这也是附属于丰收庆典的一部分。就算是在超越了村落形态的国家出现之后，在"律令"制国家出现以前的大和（yamato）王国时代，正常的"社会的更新"也是刚才所述情况的集约型态。

但是当这种小王国的型态又被超越，出现了人为创制的国家，并将诸多小王国合并、达到在空间上拥有了辽阔"版图"的阶段时，这种人为的国家为了帝国统治的需要，就会开始"从社会之上"自上而下地对时间行使命名权，以将遍及东南西北的众多地方性王国原本相互分散独立的、存在"时差"的社会性时间统一起来。于是，国家在占有了"版图"的同时，也开始了对"时间"的占有。"年号"也就是

（接上页注）在这个时候产生的。（当然，年号的产生不是在日本，而是在中国）此时，时间的"体系与基准"就从自然与社会中脱离出来，作为国家的人为的机构体系的一个侧面，化作一个独立的政治部门。于是，时间不再直接地依据宇宙的天体、自然的季节以及社会的丰收庆典等来决定，而是随着机构体系的政治性的"任意"被随意地决定，"改元"也得以出现。

就是从这个时候开始，在记述政治社会中发生的历史性转折及事件时，已不再像以前一样，使用"春秋"这样的带有普遍性的季节名称来表示时间。此处所说的"春秋"并不是仅指秦汉帝国之前被称作"春秋"的那段历史时期。翻开修昔底德的《伯罗奔尼撒战争史》看看就知道了。当对小规模国家之间发生的历史性事件按照时间顺序进行记述时，使用的是"春""秋"以及"收获时节"这些季节性的标准。这里所叙述的是超越了单一王国（或城邦国家）范围的"国际性"事件，而且这个时候尚未出现帝国的统一的时间尺度，正处于一个自由的过渡期，它摆脱了两个阶段的限制——一方面是摆脱了狭小的、传统的小型社会的标准，另一方面又尚未发展到帝国阶段，因此也得以不受帝国统一制度之下的法律的制约，那个时候人们拥有的是一种健康的智慧，它使普遍性的时间标准在更广阔的、超越了单一国境的规模之上得以创造性地再生。

当完成了对"版图"和"时间"的机构性占有建立起帝国之后，"帝国""皇帝"以及"年号"的确立，在制度上为作为转换期的自由历史感觉的"春秋"打上了终止符，并从其中产生了"正史"。但是，尽管已从宇宙的自然和生产季节中脱离出来，冻结了以"春秋"的时间基准来对待社会性事件的自由的历史感觉，但国家机构的制度性"任意"却绝不可能是不受丝毫限制的肆意妄为。作为已明确了自然、社会和历史之含义的、"政治诸契机的成体系的集合（即人为创制的国家）"，只要它希望自身长久屹立不倒，那么在如下情况下，它一定会最为敏感地作出反应，那就是当它面对能给"政治的统合体"带来哪怕只是轻微变动的倾向、事态和征兆的时候。不管是仅会给机构的规则造成轻微松弛的"事件"，还是会给机构的接合部位造成裂隙的事物，还是可能带来颠覆的倾向，无论程度大小，只要是有可能对本应紧密结合的机构性集合体带来变动的任何可能性，不管是现实中发生的事情，还是只是一个预兆，国家都会调动极度的敏感来作出反应。这与其说是从以前的小型社会中延续下来的巫术精神的体现，不如说是比这更甚的，是从自然和社会中游离出来后确立的"独立的政治机构"所抱有的不安和恐惧，是新的政治巫术的显现（就像是离开大地建立起来的巨型空中楼阁，对于些微的动摇都难免会感到恐惧一样）。所以，这种情况下的巫术性质的仪式就与原来传统的小型社会中的情形完全不同，它变质成人为的、大张旗鼓的过度仪式。于是，将各种空间和各种时间都统一地占有的人为创制的国家，对于天体、大地、社会中的细微变化都显示出非同寻常的关心。而反过来，对于像是预祝机构性体系的紧密统合的事情，不管它是属于哪个领域（即便与生产和社会没有关系），也都会从中接受不同寻常的安慰和祝祷。因此从这个意义上讲，"持续的帝国"的延续绝不是无为所致，而是在对预兆的测定以及对其作出敏感反应之间不停地循环往复的结果，对此我们不应忘记（还有使这种反应成为可能的社会基础）。

正因为如此，对于包含了变动之意，尤其是含有政治性变动的含意的所有事态和征兆，都会不停地去修改年号以作出反应，甚至到了一种反应过度的程度。只不过这种反应的方式，是以政治性的神人交感——它常变质为装饰过多和过剩不安——为核心的。皇帝的更替这一事态也不过是其中的一环。于是，这一点我在别处段，由于条件的不充分，相互之间在开始通用的时间上难免会有一些错位。而且这每一个"号"的确立也并非一帆风顺，在拟定出来之后，有时会因为没有通用起来而不了了之，或是又开始重新拟定新号，都是在经历了不断的试错之后才最终确定下来的。

比如关于年号，在"大化"前后曾用用停停，最终是在确定了"律令制度"后，从"大宝"开始确立下来并延续至今的。其成立期的"用用停停"不用说正是"降生的苦痛"。而"降生的苦痛"与"死亡的呻吟"虽在前进的方向上是相反的，但都是在此世苦苦支撑的情状，在这一点上其实是相通的。这一组称号也不可能是例外。降生先是从处于易于降生的环境中的东西开始发生，从容易死亡的东西开始死亡，只要是同一组东西，其中的一个先行消失，正是其他的"称号"在不远的将来也要面临同样命运的预告。比如，假如在"战后"最不济也能够实现天皇的退位或更替的话，在那"民主化"大潮的洗礼之下，"年号"的存续自然接下来就会成为问题。而如果年号一旦被废除，即便后来再次复活，也不过就是"用用停停"的落幕过程的一个环节而已。但是，在"战后"的处理中并没有天皇的退位，于是"年号"存续与否也没有被当作问题对待。

(接上页注) 也曾说过，作为对事态的政治性反应——不管它是过度反应还是政治性反应——的"改元"，在明治以后的日本国家中再也没有得到实行。年号的意义"愉快"地缩小成了天皇个人在位的印记，与政治性事态的联动性消失不见。这就是近代意义上的天皇制国家的成立。作为时间单位的年号这时开始作为一义性的东西被"合理化"、被"实证主义化"，而从这时起，一种带有前所未有的机械性的合理性质的"年号"被"新"创出来。

于是，"年·丰收（toshi）"一词所带有的社会的、自然的总括性，以及"春秋"所带有的普遍的历史性，甚至帝国机构的年号中所带有的充满不安的对世界的反应性，都由于国家时间制度的特别的"合理化"而被放逐。

三

那么，在战后的处理当中，是否有"改元"的可能性呢？如上文注中所示，若是在明治以前，稍有事件发生，几乎一定会去更改年号。这当然是一种"趋吉避凶"精神的表现，但不管是不是出于"趋吉避凶"的心理，能用作为统治体制象征之一的"年号"的更改来改变事件的结果，这至少意味着对事件的感受性与对象征的自觉多少是联系在一起的。而且这还意味着另外一件事，即作为统治体系象征之一的年号是相对独立于其他的两个象征来发挥作用的。所以，如果是自己发动了世界战争，又在这场战争中被打败的话，最低限度也是一定要"改元"的。但在明治以后，天皇制在天皇这个称号被原样保留的同时、作为一种新形式的制度被重新创造出来，并经过了所谓"特殊的近代化"之后，变成了"一代天皇一个年号"，于是，原本对事态做出反应的"年号感觉"首先在天皇制的统治者当中就消失了。年号已不再是统治体制的象征之一，最终变成了不过是表明现任天皇仍然活着的信号。于是在日本就出现了绝无仅有的、像交通信号一样的一个存活信号，而且这一个人的存活信号，规定了日本全体国民的年历，从而也规定了人们的时间感觉。"天皇是国民的象征"这一命题就这样成了"战后"遗留下来的社会事实的前提。由于构成天皇制之一角的"年号"变成了存活信号，于是肉身的天皇也被与"日本"这一"国号"同等看待。于是"年号"就变成了现任天皇个人的"姓"。本来，天皇的特征就在于他没有"姓"，但明治以后由于"一代天皇一个年号"，于是索性连"谥号"都可以不用了，因为在天皇还活着的时候"谥号"在事实上就已经确定了。于是除了新天皇的即位以外，作为对事态的反应所进行的独立的"改元"行为就已不再可能。

正因为如此，当新天皇登基需要拟定新年号的时候，一方面很大程度上需要照顾"趋吉避凶"的想法，另一方面又因为在一千多年的时间里，"名句"大多已被用尽，所以要在有限的"出典"中选出中国、朝鲜都未用过的新的"名句"，恐非绞尽脑汁而不能得。定"昭和"年号的时候即是如此，1926年12月26日的《福冈日日新闻》上有一篇名为"昭和：顺应时势的新年号——草案者苦心孤诣之迹"的报道，写的就是当时的这种情况。里面记载了"福冈女专教授山内普乡氏"的谈话："在平安朝时代，要改元的时候会召开'难陈会'①，公卿们要专门拿出许多时间来埋头于新年号的讨论。而如今可揣度的是虽然不至于这样大费干戈，但我朝自不必说，中国、朝鲜在过去用过的年号非常之多，宜于使用的字已大都被用尽，要物色到于过去的年号无碍、又能顺应时势的年号，是项非常不易的工作。"把年号的选择称作"物色"，真是一大杰作。当然，说这话的人没有丝毫的恶意，有的仅仅是一种朴素的"揣度"的态度以及在这个时候将多年来潜心钻研的积淀尽情挥洒的朴素的表达欲。于是就非常自然地、没有任何防备心地将"年号的物色过程"讲了出来。所以其谈话中势必涉及了在现世中已不存在像"细川润次郎、落合直文、三岛中

---

① 难陈会，改元时，学者对年号的吉凶、典故出处等进行讨论和辩论的会议。——译者注

州"那样的"典制专家"的历史现状，并推测在这种历史现状下对年号的"物色"必将是一项繁难的任务。这一谈话所显示的内容常因其态度的质朴而被忽略，但反过来说，其谈话正表明了，不论是从年号储备库的有限性来说，还是从选号匠人的历史性死灭的现实来看，也就是从物的原料的枯竭与人的生产者的缺失这两方面来看，年号在这即物的制作过程中已经到达了一个再生产困难的阶段。若是中央的大报，恐怕只会神经质地、战战兢兢无比"恐惧"地、鹦鹉学舌般地报道官方的声明，事实上也的确如此，然而地方上的报纸却并不精通这官厅中枢琐碎的、统制过剩的"教条的恐惧"，所幸有这种"迟钝"，再加上地方上能坦率地向这方面的"渊博者"请教，率直的好奇心与质朴的发言欲这两者相结合，就使得年号草案制作过程的末期状况被读者所知。而当知道了这即物的"物色过程"之后，不管最后选出的是多么吉庆且神圣的文字，由于这一人为制作圣性的过程包含的世俗关系已被人所知，工作所欲达到的目的已被瓦解了一半；而庄严的"改元"仪式，也在那些知道了演出的后台是如何杂乱的人眼里看来，那不过是装腔作势的庄严未免就呈现出一种滑稽的相貌。这其中，已经蕴藏了那只靠着内容空洞的庄严来撑场面的权威体系的严重危机。于是，年号对世界的态势做出神人交感反应的这种独特的政治功能已经丧失，而这个丧失的过程，实际上同时也正对应着年号的即物的生产关系遭遇到的末期的衰弱阶段。于是明治以来的这种两义的过程——合理化与衰弱——在昭和的出发点上，就已几乎达到了极限。随着一个地方性报纸的善意的揭露，作为一代天皇一个年号的"昭和"被勉强创造出来。

四

以如此方式产生出来的年号"昭和",根据官方的正式声明,是从《尚书·尧典》中的"百姓昭明,协和万邦"中得来的。《尚书·尧典》里记载的是什么这里暂且不作说明,但要指出一点,那就是在很久以前的中国,"百姓"大致指的是"百官",而"万邦"也就相当于分封各地的"诸侯国"。如果把这句话放到 20 世纪的情境之下,那"百姓"只能被理解成是指"一般国民","万邦"也就是"世界上的诸多国家"了。如果这样理解的话,那么再来看日本:在"昭和 50 年"的岁月里,日本国民果真如其所愿地实现"昭明"了么?我们现在果真"昭昭明明"大放异彩了么?在朝鲜、中国这些当时还在使用年号的国家看来,"昭和"的日本国民拥有的是何种名誉呢?能够昂首阔步地行走于世界的日本国民又有几人呢?名字就叫"昭和"的那个人[1]是首先应该走向世界、直面"百姓"的吧?如果能做到这一点,那他对作为主权者的日本国民所背负的耻辱也就多少有些了解了。然而事实并非如此,被称作"国民的象征"[2] 的人对国民的耻辱却毫无所知,这真可以在与王尔德完全相反的意义上被称作"快乐王子"了。那么,"万邦协和"又怎么样呢?任何解释都是多余的。中

---

① 指昭和天皇,第三部分作者已讲到日本皇室没有姓,明治以后"年号"就几乎变成了现任天皇的姓。——译者注

② 日本战后的新宪法(1947 年)规定主权归"全体日本国民",天皇是"日本国民的象征"。——译者注

日战争、太平洋战争是"万邦协和"吗？朝鲜战争、越南战争是"万邦协和"吗？"金大中事件"是"万邦协和"吗？与靠了战争体制才得以保全其命脉的西贡政府和朴政权勾结，这果真算得上是"万邦协和"吗？"昭和"虽然也许还算得上是现任天皇还活着的信号，但已完全失去了作为一个统治体系的象征的意义。其意义已完完全全地丧失了。不仅是失去了意义，而且反而成了一个指代实体的虚假的记号，而这恰与年号本该具有的指称意义是正相反的。在一切虚假的记号当中，后世的人所能发现的名实脱节最为极端的例子大概也就在于此了。在意义论的层面上，年号到此已呈现出完全的失败。而战后的"昭和"竟然敢于冒这完全失败的危险，并且还对这一事实采取了无视的态度，并通过这样的行为，对历史上的所有年号进行了冒渎和背叛，而且现在仍然在进行中。

在1926年12月25日即昭和元年的出发日冠冕堂皇公之于众的"昭和"年号，究竟是怎样被制定出来的，这个问题在"战后"的处理中一次都没有被触及过。其实可以通过对这一年号产生过程的回顾，使得战后的处理变成一件负责任的工作，但在战后处理的当事人之中并没有出现过这样的精神态度。而这其中的关系，与天皇在太平洋战争开战时故作威武地宣称"朕兹对美英宣战"，而在战败之际却只会嘟嘟囔囔毫无阳刚之气的表现相对应。在"开始"的时候使用的宣言式语言就这样被暗中亵渎，表面上看似乎还存在的"意义"早已被隐秘地流产，语言变质成为单纯的机械般的信号。既然是以宣言的发布开始，就必然要以宣言的发布来收场。如果讨厌宣言，那么不发布宣言不采取行动也没有问题。否则，人与社会的语言就将被侵蚀，丧失其意义和象征性，最终会使语言变成脱离此世界的东西，也就是成为机器人世界里的信号体系，对现实的世界形成遮蔽。这种语言的解体作业与变质过程在经历了"高度成长"的现代工业世界的管理体系中虽然如怒涛般地推进着，但其政治性的先驱却是在"战后"天皇制对"年号感觉"的最终遗忘以及"宣言式的态度"的堕胎术般的放弃之中即已存在。对语言所产生的现代性的疏离（也就是异化）的先驱，不在别处，就在于一般被看作是"有悠久传统的"天皇制的行为方式当中，这真是个一见之下有悖常识的反论，对此可能需要作更进一步的解剖；但是如果对于以下一点有所注意，就可以把它当作对这一反论的一个颇具启发性的回答。那就是，明治以来建立的天皇制，本来就不是为了在传统上延续作为小社会的古代社会的核心而创造出来的，恰恰相反，它想要模拟般地获得"帝国"的巨大，因此才建立了一个现代的（modern）"律令国家"，而它所唯一考虑的就是这一呈现古代面貌的"律令国家"的象征如何能在现代改换衣装，从而作为现代帝国的权力象征发挥功能。因此明治以后的天皇制绝不是"有

悠久传统的",反而是极其"现代的（modern）"东西①，它对古代

①　日本所采用的"律令国家"，是对东洋曾经的罗马帝国——"中华帝国"在玩具规模上的模仿，是一种在政治上表现出来的赶时髦（fashion）的举动，因而"律令国家"实则是"modern"的；同样的，明治的天皇制也是以巨大的世界列强为模板制造出来的极其"modern"的国家体制。

在我尚显稚嫩不成熟的时候，曾带着这样的意味使用了"天皇制国家"这个词汇，但不曾想，后来这个词得到了出人意料的广泛使用，似乎其意味已扩展到了意想不到的方向上去。但是，"天皇制国家"其实是这样的一种制度，它常常在外观上模仿当时在国际上占据支配地位的国家的形态，并把这种徒具外观的"继承"的形式与自己国家的传统的形式极其有效率地结合起来，将可能产生的抵抗控制在最小的程度上，并通过在其上迅速创造出"第三种形态"的方式，在政治风俗的层面上来展现在当时时代下独特的现代性（modernity）。不取"皇帝"的说法，而是以"天皇"代之，这一词语的选择本身就暴露了这一点。

把在根本上性质相异的东西结合在一起时，不可避免地会产生分裂的苦恼与统合的艰辛，而这种制度的一个特征，就是要寻找一条能将这分裂的苦恼与统合的艰辛控制在最低程度的轨道来行走。但是这样做的结果却是，无论是明白无误的"分裂"，还是经过充分的磨炼已臻成熟的"统合"，这两者在日本却都是欠缺的。换句话说，在日本一直存在着的，是被遮蔽了的"分裂"和徒具外观的"统合"。对"分裂"的遮蔽与营造呈现"统合"样态的外观，基本上是同一件事情，两者之间的距离极其微小，因此想要结合二者的努力（并非没有）就可以极其高效率地进行。对于现代性的一个重要契机——"速度"——的要求总是会被充分满足。但是其代价是，这种国家体制在外观上的"统合"之中，总是包含着被遮蔽了的"分裂"的契机，在"分裂"露头的地方，总是与外观上的"统合"混杂在一起。在这种国家制度中，视觉上的混杂（奇妙的杂乱无章）与不协调的装饰过多纠缠在一起，其原因就在于这一点。这种倾向，也体现在"律令国家"中仪式的异常臃肿和官位体系的繁杂上，亦可见于明治以后的天皇制仪式中那极端的混杂和凌乱的混交性中，比如"奉安殿"建筑样式中在柱头、拱和门上体现的西方列强的系列与屋顶、翘角飞檐的寺社风格的权威之间的混交性等等。

在这个意义上，"天皇制"也是"modern"的，这就是在"律令国家"与近代"天皇制国家"中存在着的独具特色的政治的、风俗的"现代性（modernity）"。（尽管中世是在另外的意义上所说的，但可以说，大化以前与中世和近世，在这一点上是与"律令国家"和"天皇制国家"完全不同的。这一点是需要铭记在心的。）

（原始）社会的"小国寡民"性其实抱着一种彻底的蔑视，而对憧憬着成为东洋罗马帝国的律令国家的"伟大"怀有无比的冲动，并将这一冲动作为自己历史的种子。正因为如此，作为存在着界限的"一定的自己"的定在性就完全没有了（如果能稍稍存有一点的话，那么至少在已经不是"自己的时代"的战后，会迅速地消失），而且也正因为如此，不管发生了何种变动，都会不断地更换"现代的"衣装，唯独这种持续的赶时髦的（fashion）运动成为实体而"存在"下来。在语言中发生的现代性的疏离当中，这一现象占据了最尖端。拙文中所涉及的"战后处理"的一些内容也证明了这一点。

结　语

于是，"战后"既没有废除天皇制，也没有出现天皇的退位或更替，也没有对年号问题进行过再次的探讨，就这样，"昭和"已经度过了整整 50 个年头。在这期间，我们自己也已经习惯了用多半已变质成无机的信号的"昭和"一词来表达我们自身的"时间感觉"，而时间感觉本是人类的根本感觉之一。对于社会生活而言，习惯是极其重要的核心要素，这是自不必说的，正因为如此，什么样的行为能够成为习惯被固定下来，是决定一个社会的精神构造的最大契机。在日本，以往的年号不管是好是坏，都还保持了一种对事物的交感反应，而作为日本的时间尺度的"昭和"，虽然依然保持着年号的外表，但早已放弃了对事物的交感反应，实际上已变成了无机的信号，然而却又没有无机物本该具有的干燥的物理性，依然给人处在年号感觉的

"活着的传统"之中，但实际上却在暗中而且不断地发挥着遮蔽"实证主义"时间尺度所具有的冷酷无情性的意识形态的功能。

在日本的历史上，年号制度自出现以来，一个年号能没完没了地持续长达 50 年之久，"昭和"可算是第一例。期间虽然经历了世界大战的开战、战败以及"战后"等一系列重大事件，但"昭和"仍能暧昧地持续下来。在这"没完没了"的延续当中，不仅缺失了刚才提到的"自己"的定在性，同时，刚才所提到的虚假意识性也柔软地、满满地填充于其间。我们不应该是一天到晚与习惯作对的狂热分子，所以对于"昭和"这个年号，在日常生活中遵从国家的习惯也是无妨，但是，在每天的使用当中就会成为因袭，而因袭则会使事物变成不言自明的存在，慢慢地，这一因袭的根本性质就会处于省察的范围之外而被人遗忘。我们应该避免这一点。这不仅是因为这关乎知性的"批判力"能否存在的问题，而且，尤其是在有关"昭和"的情况下，国家的"战后处理"，也是能够在其中另外验证我们社会的战后精神是否存在的问题。

战后议论的前提

——关于经验

前　言

对于下面要谈的"战后议论的前提"，我需要首先作一些说明。日语里的"议论"一词，容易让人联想到分辩道理的"argumentation"，对于本文要谈的主题来说显得颇不自然，在我而言本是不太想用的。在这里暂且先不考虑这一用词的问题，我所想的是，如果要想从正面面对"战后议论的前提"这一问题的话，是需要重新作深入的考察，看看我们现在一般在说"战后的原则""战后的思想"以及"战后的思考"的时候、在这些通用于人们之中的观念的表层之下、有什么样的精神的基础深埋于其中，应该抽取出这一精神基础并予以确认。既然要写这篇文章，我本也是希望能亲自进行这项工作。但是不幸的是，时间并不允许我这样做。所以无奈之下，我只能把我认为是主要的几个问题以粗线条的方式罗列出来。我希望在这个工作的过程中，"由断片组成的一种精神"能多少在其中浮现出来。

一

战后思考的前提，是经验，而且一定是经验。这是存在于各种各样的层面上的经验，它并不能够被完全地还原成所谓的"战争体验"。如果"议论"是脱离了经验基础的泛泛而谈，或所谈的是些从天而降毫无经验根据、形同"虚妄"的思想体系，那就一定不会经历任何内在的纠葛，最终形成的也只能是内容空洞的整体印象，战后的思考状况不应是这样的。虽然不乏有人借机发些囫囵吞枣式的"议论"，但这是些无论什么时代都会出现的一群"爱论理却不动脑筋的人"，而他们绝非能够决定战后思考之特质的人，对这一点是需要牢记的。尤其是在经历了经济的"高度成长"、日本的社会结构已从根本上发生了变化的今天，当回头对作为"前世"的战后进行总体回顾的时候，很容易出现一些大而化之的简易处理，而这种态度经常在人们使用"战后民主主义""战后思想"等词语的时候不自觉地出现，以轻易的否定酿成反动的空气，因此对这一点也需要牢记在心。

当然，很多人能对战后作出自己的思考，但这样说却绝不意味着这些人在今天依然在自身内部保持了战后思考的核心。在"高度成长"所带来的根本性变化当中，即便是当事人本人都在不自觉当中丧失了这一核心，而失去了核心后出现的"体验的回忆"的"心酸谈"，就成为凝固物浮在表面，其结果，就是曾经的经验和曾经的思考就像房间里的摆设或是陈列架上的装饰品一样"物化"，这是今天精神状况的特质。与之相对，没有在战后的思考状况中成长起来的人们，在长幼之序崩溃的情况下，非但没有对这些"过去的故事"保持一种倾听的态度，反而因为自己没有拥有这些摆设和装饰品而产生嫉妒和反感，于是，战后的经验和思考就越是成为可以随时丢弃的物品一样的东西，最终被一揽子打包成所谓的"战后思想"。这也是今天的精神状况的特质。

于是，这两者虽然看上去是相反的，却都有一个共通的特征，那就是经验和思考的"物化"。所谓经验，其实是物（或事态）与人之间的相互的交涉，本来就不能被化为"物体"；而思考则是世界（或是经验，或是物事）与人之间经过理性之后的应答关系，本来也是不能被"物体"化的。所以当经验变成固态的"物体"的时候，就已经不再是经验了，而是经验的异化形态；当思考变为完结了的"物体"时，那也就不再是思考了，而是思考的异化形态。在今天的精神状况特质的深部，就存在着经验和思考的已经完成了的异化形态，在这个意义上，"经验的消灭"和"思考的固态化"就更成为无可更改的事实。

但是，就在经验甚至从经验的当事人中游离出来，成为一种"物"存在于人之外的时候，反而可能拥有了作为一个范畴自立的机会。经验是物与人之间的相互交涉，而当经验中人的要素和物的要素都消失不见，仅存的交涉结果成为另一种"物"的时候，这一异化形态中那些与特定个人有关的味道和特征就去掉了，而展现出作为物体素材的性质。正因为如此，就成了既可以美化、也可以贬低的"虚假意识的素材"。必须让我们的认识（以及理解力和想象力）倾尽全力做出判断的，就是这种时候。当经验变成异化形态、成为"可利用的素材"的时候，认识所担负的光荣任务，就是透过作为"上古时代的化石"的异化形态、重新还原上古时期本来存在过的灵动姿态。当对化石进行透视、再现其中相互交涉的跃动时，当时可能出现过的当事人出于自身考虑而做出的恣意歪曲就消失了。而与此同时，这种认识活动也不会允许今天的利用者恣意地把它作为虚假意识的制造材料来使用。因为在这种认识活动中，经验固有的相互关系性（也就是拒绝歪曲的构造体）就会得到再生。因此"经验"必须成为今天我们认识活动的中心范畴。

"战后思考的前提是经验"，这样说也是今天方法论层面的原理。

二

提起战后的经验，首要的就是对这样一个事实的发现，即国家（机构）的没落竟然也不可思议地包含了光明。在这个意义上，它是与明治维新恰恰相反的经验。明治维新中闪耀的是立国的光辉，而与之相对，在战后，我们却可以在国家的崩溃中发现其中包含的光明。这会引人去思考明治国家与昭和国家之间存在的质的差异，也会由此产生对带来这一质的差异的历史经过进行探寻的知性的关心。这些探索所产生的成果，在此似无逐一举例的必要。其实在这里更为重要的则是应该注意，对于之前也有过在国家的没落和崩溃中包含了某种光明的其他的历史时代（如中世），在今天是如何被认识的。比如，在网野善彦最近的研究中，如其著作的标题象征性地显示的那样，把《无缘·公界·乐》（平凡社出版）的世界作为日本中世社会的核心来把握。这一方面是与作者对国家的没落包含了光明这一战后经验的体会相关联；另一方面，也是对由高度成长带来的整个社会被制度化所席卷的现状所发出的一种学术批判，这种现状批判在多大程度上出于学者本人方法上的自觉暂且不谈，但可以说，战后经验的水脉到了今天的喷薄而出，正是作者的学问充满冲击力的源泉所在。

虽然说是战后的光明，但这当然不会是单纯的光明。悲惨、匮乏和不安在战后是怎样以各种形式漫卷了一切的领域，已是众所周知无需一一陈述的事实。就如同在家园被烧成灰烬的一片惨状之中，在被巨变震惊后的呆然中似乎能体会到一种原始的空洞的自由感一样，在所有的层面上，悲惨都包含了某种前进的力量，匮乏反而促进了空想的现实性，不安定的混沌反过来在内部包含了对 kosmos（秩序）的想象力。于是形成了战后经验的第二个核心的，是自觉到所有的东西都包含了两义性的扩张。具体的事例在此略去不谈，仅说一句总结的话，那就是当作为事实的状况是混沌不清的时候，此时所构想的秩序全部都带有乌托邦（任何地方都不存在的世界）的性格，而正是其乌托邦性保证了光明。这就如同匮乏在个人生活的层面上已成为事实的时候，在现实中得不到满足的对于食物等的一切欲望反而在想象（image）的层面上获得了解放，产生出各种各样的空想（比如今天在脑子里描绘的烧肉和在战后匮乏的情况下空想的烧肉，在经验的世界里是完全不同的两种东西）。作为事实的混沌、悲惨和匮乏中包含了乌托邦性质的光明，而这种两义性在今天的世界里已不复存在。制度化在整个社会范围内推行的正是一义性的支配。我们获得了直接的生活资料的富足，但其代价却是在一物一价、一问一答和求偏差值一样地只允许一列纵队存在的压力之下，两义性的扩张已完全丧失。正因为如此，才会在看待"战后体验"的时候，从悲惨中能感受到的仅仅只有悲惨。作为相互性的集合的经验的丧失，正以这样的形式表现出来。

那么在战后的混沌中产生的乌托邦，是按照什么样的标准被建造出来的呢？造形的标准在任何的情况下都只能从已经存在的东西中产生出来。即便是改造，不具备全知全能的凡人也不会从无中创造出有来，而是必须从现在已有的东西、隐藏着的东西当中发现造形标准的基础。战后经验的第三个核心，就是对"另一个战前""隐藏的战前"的发现，同时也是对"另一个世界史文脉"的发现。我们的注意力常常被战后的"价值转换"所吸引，却容易看不到战后思考的实质其实是通过"另一种战前"所形成的。但是当通过思考来为战后的经验塑造出一个形状的时候，发挥作用的几乎全是"另一个战前"。战后的历史就是"另一个战前"一个一个地出现，又被一个又一个地发现的过程。对过去的发现其实塑造了现在、也构想出未来的形状，这其中有一种动态的时间感觉存在并发挥着作用。所以，过去并不是早已存在的给定的东西，而是需要重新去发现，从这个意义上来说无异于现在的行为；而在明天可能又会有新的发现，在这个意义上说，过去其实也是未来。"另一个"这一用词的含义就在于此，其中跳动着复合的时间意识与"包含了未来的历史意识"。这种时间的两义性与可逆关系，形成了战后经验的第四个核心。但是这种时间感觉在今天的日常生活中已经不复存在。在今天，除去有意识地塑造"故事新编"的情况之外，覆盖整个日本社会的是"过去是过去、现在是现在"这种平板的一义的时间感觉。只对"now"和"现在"关心，是这种平板的时钟性时间感觉的体现的一端，而对作为过去的历史的关心的上升又是其另外一端。高度成长的经济大国就这样改变了人的内在实质。

在战后出现的包含了这种意味的"另一个战前"，是以什么样的方式出现的呢？首先是早在战前已经占据了文化指导者地位的反军国主义者们，他们给我们提供了带有优越性的出场方式。这些被称作"老自由主义者（old liberalist）"的人们是举着"文化国家"的旗帜出现的。即便是如矢内原忠雄[①]那样有过社会科学研究经历的人，都或多或少地以费希特的《告德意志国民》自比，宣扬建立以信仰为核心的"文化国家"和依靠"德性"形成新的国家。在拿破仑大军的占领包围之下，费希特站在柏林大学的讲台上，堂堂地、充满激情地告诉全体国民，军事上的失败并不可耻，靠理念和德性的发挥免于被占领者看轻，才是崇高的国民的课题。与这种姿态的费希特相比，基督

① 矢内原忠雄（1893～1961），日本著名经济学者，以殖民政策研究著称，曾于1951年至1957年担任东京大学校长。由于他的殖民政策研究并非站在统治者的立场上为当局服务，而是科学地、实证地分析殖民现象，因此与体制的关系渐趋紧张。1937年卢沟桥事变后，发表评论，称国家应以维护正义为目标，因而受到攻击。曾对台湾进行实地考察，著作《帝国主义下的台湾》（1929年）被译成多国文字。

矢内原忠雄在东大讲授的"殖民政策"课程，是接替去国联赴任的新渡户稻造而开设的，矢内原忠雄也是将新渡户稻造的著名著作《武士道》由英文译成日文的人。我们现在读到的商务印书馆出版的《武士道》汉译本，就是由矢内原忠雄的日译本转译而来的。——译者注

徒矢内原忠雄的真挚、热烈、热心以及使命感（以及其正确性）确实
与其有类似之处。然而这里却欠缺了一样东西，那就是缺乏对战后经
验的核心——国家的崩溃和没落，能使在巨变后的呆然中产生的"没
有形状的原初"那充满可能性的抽象的世界在现实中产生、并从中产
生某种光明——的充分的认识。强调军事行为在本质上是无价值的和
反价值的，当然是正确的，而且对此的强调在今天依然有效，也必须
永远坚持下去。但矢内原忠雄在战争刚结束时提出来的言论的核心，
依然是从讲台上发出的"国家的再建"，对于"国家的没落"在带来
匮乏和悲惨的同时、也包含了某种光明的这种战后的经验，他很难到
达其最深处。在曾经有过入狱经验的矢内原忠雄身上尚且如此，其他
的许多"老自由主义者"在思想上都缺乏某种根本的冲击力就更无需
例证了。从身处高层的领导者的位置上，很难产生能够到达社会经验
深处的洞察力。虽然曾经反抗过军部，但他们自身一次也没有过"没
落"的经验。

　　与之相比，社会主义者、尤其是共产主义者——曾被国家投入监
狱、遭遇社会的排斥、作为囚犯以及曾遭暴力驱逐的人，在彻底"没
落"的同时，又因为确信自身拥有对社会的正确认识，从而在内心充
满了精神指导者的自豪感——在监狱中发出的"告人民宣言"展示了
"另一个战前"的一个极点。他们不仅通过自己充满痛苦的狱中经验，
以自身的亲身经历表明昭和国家的最大支柱无非是"昭和大狱"这种
极尽卑劣无耻的弹压，而且还以亲身的经历展示了在这种状况下生存
的人身上"没落"和"光辉"的悖论性的结合。同时，在他们所展现
的"另一个战前"中，人的固有要素、社会的固有要素、国家机构的

固有特征以及政治组织的固有特质集中地汇聚在一起，并在它们之间形成了激烈的纠葛。在他们参加抵抗运动以及实践活动的过程中，存在着同情弱小者的侠义心肠与自我保存之间的内在矛盾，包含了在最初的决定与最终的觉悟之间的深渊悬隔，包含了对家族的爱与孕育了友情的反对运动之间的复杂的竞争关系，还进一步内含了他们为了投身于实践而参加的组织当中存在着的固有的问题性，包含了世间对他们抱有的社会偏见和社会敬意的复杂的复合心理，包含了权力对他们的压制与他们悲惨的转向之间交织的无法解决的苦恼，这些无法直接为外人道的极其复杂的激烈纠葛，从他们话语的细微之处和整个身体中喷涌而出。而对其中所包含的激烈纠葛的一个个解明，构成了战后思考的历史的中心线。

在对战后的现实进行知性回应的层面上，从战前所蓄积下来的马克思主义的威力也是巨大的。这在对"农地改革"①的理解力上得到了典型的体现。农地改革把不事耕作的寄生地主的土地所有权几乎无偿地赠与作为直接耕作人的农民，这是以帝国议会议员为首的多数日本人难以理解的措施。在那个时候，只有马克思主义者在战前的理论积累的基础上，对"农地改革"是如何理所应当、如何必要又是何等急迫的事情作出了解释。不仅如此，他们还对占领军倡导推行的"农地改革"政策，参照其本该有的当然性和必要性，有根据地作出批

---

① 农地改革，指日本于 1947～1950 年施行的土地改革，是日本战后民主化改革的一个组成部分。由国家从地主手中强制购买土地，让渡给土地耕种者，以此消除了地主阶级，极大改善了农民的经济状况。——译者注

判，证明它其实是一次相当不彻底的改革。对于占领军的政策，能够在认识到其正确方面的同时，提出依据作出批判的，在日本只有这些马克思主义者。而民族主义者、法务大臣奥野诚亮①和自卫队的军官们则在占领之下从未发出过对占领军的一声批判。他们不仅缺乏作为批判之前提的理解力，而且不具备批判的勇气。与在军事上的强者面前极其怯懦的这些人形成了强烈对比、使世人了解到知性的理解力和知性的确信是如何能使人保持勇气的，是"另一个战前"中的马克思主义者们。在这个意义上，费希特曾在拿破仑军队占领下展现出理性的力量，而战后的日本，则体现在了作为唯物论者的战前马克思主义者身上。这是日本马克思主义的光荣的顶点。之后，战后的马克思主义就再也没有发挥过这样的认识和实践的力量，而是耗尽了"战前"的积累，除了几个个别的例子之外，从整体上来说渐渐变成了单纯的政治意识形态，甚至仅仅在变成了组织团体在观念上的统制手段的时候才会时而出现。在这里，可以说当"另一个战前"终结的时候，也就是"战后"（其经验和思考）的终结。

---

　　① 奥野诚亮，自民党党员，曾于1980年7月至1981年11月任日本法务省大臣，政治立场属于鹰派。主张改宪和参拜靖国神社。曾在发言中否认日本在二战中发动的战争是侵略战争。1980年8月27日做出改宪发言，指出战后宪法是美国占领军主导制定的，应该由日本国民自己制定宪法。此发言遭到在野党一致批判，要求罢免他，奥野则拒绝取消自己的发言，也拒绝辞职。——译者注

三

决定了战后思考的形状的"另一个战前"绝不仅限于上面所说的内容。不过要是想在这里对战后思考的根本特征做出概括性的分析的话，也只能满足于这样的简化。如果说现代的特征就是过多的论文都毫无思想、其内容仅是提供一些细致入微的信息性资料的话，那么我在这里运用这种方法的态度也许还有一种作为少数派想对这种倾向施加一些遏制作用的意味。

在此，我想对作为战后经验的结构性特质的两义性的结合——混沌与乌托邦的结合、匮乏与梦想的结合、悲惨与神圣的结合等——再作一些说明，以此来结束这篇拙劣的文章。刚才仅仅提到了没落中伴随着的光明，现在我想进一步对这种思想所结出的果实作些说明。作为战后经验的核心而存在的诸种要素的两义性，除去那些相当反动的部分之外（指刚才那些既没有率直的感受力又缺乏理解力、批判力和勇气的部分），其实是被所有的人所共有的，都可以在其中感受到一种内在的平等感。但是，这种两义性的典型体现绝不是以两义性的原始形式存在着的。两义性的原始形态不过是各部分呈凌乱的分裂状态，而两义性的典型形态却与之不同。能够穿越两义性的原始乖离状态，才是典型之所以为典型之处。这里的"穿越"指的是什么呢？当在某种"理论"的教条化理解中使用"矛盾的统一"这种表达的时候，意指相反的两种要素由两个地方被捏合到一起，但要穿越两义性的矛盾、把相反的侧面动态地结合在一起却绝非易事。坦率地说，要想产生包含了两义性的动态结合的典型形态，就必须要接受痛苦、忍受世间的嘲笑、蔑视和非难，就是说要彻底地接受在这个意义上的那些否定的部分，然后在所能忍耐和到达的极点上，把彼岸的肯定的部分转化为自己的东西。"一直走到最后的极点——在那里所有的一切都会改变的那个点。"如果把瓦雷里①在日记中写下的这段话，作为刚才所说的"接受否定的部分"的补充，那就充分地表现了典型的生成过程。那是用"过程"这类无色透明的词汇所不能表达出来的，它带有永久的阵痛的性格。也就是说，"受难"（或者说"受苦"）是创造两义性动态结合的形态的核心。

作为战后经验之核心的没落与光明、匮乏与梦想、悲惨与幽默、混沌与乌托邦等等两义性的典型的结合，正是在那些"受难"的人们当中才存在。在战争中牺牲了的死难者、在日本帝国的压迫下被迫接受悲惨命运的殖民地人民、日本国内的流浪儿、被称作"伴伴女郎"②的街头妓女，正是在这些"受难"的体现者当中存在着战后的核心经验的结晶。正因为如此，那些描绘了这些"受难"的情景并上升到思想高度的作品，无论是以学问的形式还是以艺术作品的形式，都代表了战后的思考，深深浸入人们多多少少都共同拥有的两义经

① 保尔·瓦雷里（1871～1945），法国著名诗人，他的诗耽于哲理，倾向于内心真实，往往以象征的意境表达生与死、灵与肉、永恒与变幻等哲理性主题，被誉为"20世纪法国最伟大的诗人"。——译者注

② 第二次世界大战后的流行语，指主要以驻日美军为性交易对象的妓女。这一称呼一般来说包含了蔑视的味道。在战后物资匮乏的时代，那些打扮入时、挽着驻日美军的胳膊在街头阔步行走的"伴伴女郎"，成为战后初期印在人们脑中的战败印象之一。——译者注

验，对人们形成启发。要对此进行确认，只要想到几个人所共知的例子就足够了。《听！海神的声音》中"海神（wadatsumi）"① 这个词所包含的向远方扩散的回响，不是表现了在深切的悲伤之下向永远的未来扩展的意志吗？中野重治的《雨中的品川车站》不也包含了向殖民地国民的所有苦难握手的恳切之情么？石川淳在《废墟里的耶稣》中，认为黑市里那些脏兮兮的流浪儿一身兼具了匮乏、悲惨和不良性，从而化为此世的耶稣。不止如此，在其中还鲜明地表现出从军国统治下的"物价管制"和今天的"定价"等政策之下解放出来的黑市兼具了"大甩卖"与"嘉年华"的性格。著作时期稍为往后的野坂昭如在《卖火柴的小女孩》中，比石川淳更进一步，怀着"童话"般的爱情，把晚上在街头拉客的妓女看作了圣女在此世的化身。坂口安吾的《白痴》以及其他的理论家如花田清辉的作品就更不用说了。

在旧约圣经的诗篇中出现的真正的神圣性，带着经验的具体性在这些作品当中得到了再现。人见人嫌、避之唯恐不及的丑恶老人实际上是神的化身，这一段故事在这里既不是遥不可及的世界发生的事情，也不是很久很久以前的故事，而是现在发生在我们眼前且我们自身都分有的经验的世界。这是战后的有代表性的思考给我们的启示。

---

① 日本在第二次世界大战中为了弥补兵力的不足，1943 年开始就从在读的大学生中征集兵力，这叫做"学徒出阵"。由于理科生的学习关系到兵器的开发和战争的延续，所以当时征集的多是文科生。《听！海神的声音》是在第二次世界大战末期被征召入伍而战死的日本学徒兵的遗书的合集，出版于 1949 年。该书出版后引起了强烈反响，多次再版，后来还有同名的多部电影作品问世。wadatsumi 是日本神话中的掌管海洋的神，后来成为指代战死学生的一般名词。——译者注

在这里，悲惨、匮乏和混沌明确地包含了乌托邦和神圣性。帮助从这些受难当中提取出神圣性（光明）的知性媒介手段，或是圣经，或是安徒生的童话，或是史记，或是马克思的著作……总之，是人类历史上的经典。这些人类史的经典，不再是教养世界里的死物，也不再是信息世界里的零部件，而是成为能够从中读取经验的结晶的、生动的、理性的体现物，并由之获得了再生。这里的"阅读"行为也会成为我们的理性的经验，成为想象力的经验，并和直接经验相交叉。在另一方面，经典的再生同时也是把"阅读"行为转化为另一层面的经验的过程。于是，经典的再生无论是从经典的角度来看、还是从我们的角度来看，可以说都是战后的"知识层面上的经验"的最为重要的核心。上一节里提到的"另一个战前"的绝大部分，都是为了经典的再生这一知性经验所作的准备过程，是这一苏醒性生产处于妊娠期的别名。当然，"另一个战前"也有小部分是脱离、脱走、入狱、转向等其他形式的"直接经验"。正因为如此，将"另一个战前"的这两部分兼而有之的，正是战后的知性经验的主要作用。

在这里我们可以想起一个小插曲。战后不久，德田球一①在某一城市市政厅前的广场上，做了一场不使用麦克风的演讲。在演讲中，他是如何向那些包括卖鱼师傅在内的大众讲话的呢？他说："我们日本共产党是站在车站前伴伴女郎们的坚定朋友。"他踮着脚尖，身体前倾，脸面涨红，怒气冲天，语气里带着一股战斗正酣的蛮劲以及幽

---

① 德田球一（1894～1953），日本社会运动家、政治家，参与了日本共产党的创建。被捕入狱18年，1945年10月出狱，致力于共产党的重建。——译者注

默感，就在他这种本色的肉声演讲深处，鲜明地存在着与《卖火柴的小女孩》和《白痴》的世界相通的感觉。这不仅和今天带着白手套握着麦克风娓娓从容的演讲在姿态上完全不同，而且更重要的是，在他那里存在着一种贯穿在"受难"经验深处的精神。我并不是在对德田本人表示赞赏，更不懂得什么派阀关系。介绍这个小故事，只是为了说明战后的共产主义作为"另一个战前"的冠军选手是如何成为战后经验的深刻体会者的。正因为与战后经验的这种关联，共产主义才能与"卖火柴"的圣女以及"废墟"里的耶稣一起，成为回应了混沌中产生的对乌托邦的需求，并勾画出其形状的一种精神形式。以这样的方式把耶稣、圣女和共产主义并列在一起，在那些仅仅重视思想的教义化、却对思想的精神动力反应迟钝的人看来，恐怕会认为是一种不恰当的处理方式。但对此我们只需联想起椎名麟三的《自由的彼岸》就足够了。① 这不用说也是"另一个战前"的典型，其中包含了战后的流浪儿即《废墟里的耶稣》的世界在战前的先驱，同时还包含了不是战前共产主义的知识分子（教养）型，而是民众社会型的经验，呈现了一个统合性地包含了"另一个战前"的各个侧面的世界。正因为以含有危机意识的幽默感和喜剧性的悲剧意识来认识这样的世界，这一作品可以看作是集约地折射出两义性这一战后经验之光芒的结晶体。作品中那些值得关注的情景和片段在此就无需介绍了。混沌与乌

---

① 椎名麟三（1911～1973），日本战后派著名作家，崇尚存在主义，被称作战后日本的陀思妥耶夫斯基。1955年至1956年在《新潮》杂志连载了自传体小说《自由的彼岸》三部曲。——译者注

托邦、匮乏与梦想、悲惨与神圣、弱小与强大、破坏与拯救、真挚与搞笑、但丁式的下降与上升等等，这两个系列的极端在这部作品中都重合在了一起。

战后的知性经验乃是建立在战后的直接经验的基础之上，对许多个"另一个战前"进行甄别、选用和开拓，并进而对人类史上的经典进行选择，从而从中发现普遍的生命并促使之苏醒。但是现在把我们所卷入的世界，已经不见了这样的基础经验，也看不到与基础经验进行知性交涉后的知性经验再生的力量。正因为如此，现在的人们才会通过对自己个人"体验"的重视，在成为制度零部件的函数般境遇中寻求情绪的排解以及"自己"的存在证据。"体验"之所以成为流行语大概就是由此而来的，而且同时这本身也表明了"经验"和"体验"在范畴上是如何不同的东西。"经验"包含了多个层次和关联，带有广泛的可能性，而"体验"则是在制度的压迫下暗自主张自己的存在。因此，正是在"经验"消失了的时代，才会出现"体验"之谈喷薄而出的现象。但是仅仅在三十多年之前，在日本还是曾经出现过充满多义的关联性的"经验"的时代，而且是以典型的形式存在过。

希望战后的经验能够成为"经验的经典"而永远充满生命力，即便它在今天已经死灭，但就像战后的知性经验使人类史的经典得以再生一样，希望它也能够改变形状、变换种类，再次、再次地复活下去，而正是使这种复活得以出现的各种作为，才能够保证人类历史在未来的微弱可能。作此预感和祈愿的恐怕并非我一人。

脱离的精神①

——战后经验的一个断章·

"我们是公务员，并不是军人，所以我们不应该参加战争。"这一决定来自于海上保安厅一艘扫雷艇上的船员们，他们是在被带到战争现场后作出的这一决定，并断然作出了脱离战线的举动。大概在一个月之前，电视台第一频道播出的"朝鲜战争秘史"向我们披露了这一事实。

事件发生在1950年（昭和25年）的10月。美军打算在三八线以北很远处的元山展开登陆作战，为了清除那片海域中的水雷，出动了日本的扫雷艇。策划这一行动的当然是麦克阿瑟那群人，但响应这一行动的却是吉田茂和第一任海上保安厅长官大久保武雄。于是，本来是对太平洋战争时、在日本海各处撒下的水雷进行清除作业的扫雷

---

① 这篇文章在日文原著中作为上一篇论文即《战后议论的前提——关于经验》的附属文章出现，特此说明。——译者注

艇，连要去哪都没有被明确地告知，就被召集到了下关①的唐户栈桥。扫雷艇的船员们从对云彩的观测中感觉天气可能有变，本不愿意出港，但最终还是在被强行催促之下，一直航行到了遥远的元山海面，与美国海军一起参加了排雷作战。其间，有一艘日本的扫雷艇触到水雷引发了爆炸，一人因此丧生。在此事的触动之下，一艘名为"能势队"的舰组成员们在现场开了一次会。文章开头的那句话就是当时所说的。这事实上就等于是脱离战线的宣言。现场的美军司令官因此极度暴怒，但"能势队"平静地与之相对抗，并迅速地单独返航回国，据说"能势队"的队长在回国之后被撤职。

将事件传达给观众的电视记录，直接收录了事件各方当事人的声音，因而显得尤为真实。比如，与麦克阿瑟和吉田茂一同参与了事件决定的大久保长官，以非常自豪的口吻讲述了动员的经过（这是多么愚蠢的自豪感啊）。而"能势队"的队长在讲到那个决定的作出时，他是尊重了队员们的一致意向，这样说的时候，他则多少带有一些沉痛的表情（可以看出这是个认真老实的人）。而除队长之外的一般船员则老实地表达了他们当时的不安和困惑（国际权力关系的成本和国家的重荷等被强行压在了这些人身上，他们的感慨在这里表现了出来）。只有在这个情景之下，大久保长官这些司令部的人们和被突然置于战争现场的人们之间的对比非常明显地体现出来。在这样的脉络中讲出来的"我们是公务员，不是军人，所以我们不应该参加战争"这句话散发着勃勃的生机。

在"能势队"的人们当中，恐怕有不少都是战前的海军军人。从他

---

① 下关，日本山口县西南端的一个市。——译者注

们在战后为了谋生而从属于保安厅、踏上了随时会有生命危险的扫雷艇这点来推测，这些人不仅是一群被生活所迫的人，而且在思考问题的方式上，也很难想象他们会对旧的海军的思维方式站在非常具有批判性的立场上。美国占领军和日本当局也许正是因为对这点多少有所估计，才下达了动员命令。而就是这样一群人当中发出了平民的宣言。一定是战后五年间的激烈动荡之下所获得的历史经验把这一宣言在他们没有意识的情况下种植到了他们的精神当中。就现在使用的"公务员"这个单词来说，在战前的日本并不存在公务员。不止如此，在拒绝上级下达的命令、积极主张脱离战线的这种"公务员"概念，甚至在五年前，也是无法想象的事情。不管是在这一事件发生的当时，还是在民主主义被认为已经"扎根"的今天，在日本的官员世界里，这种意义上的"公务员"概念一直是不存在的，就在今天也依然不存在。这些相对来说比较"保守的"一群人在不得以作出决断的时候，战后日本的精神革命，就在这一句话中，不为人知地展现了它那微小的但是深奥的结晶物。

战后占领政策在制度上的归结之一就是"法律革命"，它要求使用作为英语"the public service"的译语的"公务员"，来取代战前所使用的"官"（这本来也是在古代律令国家进行法律革命之际从中华帝国直接引入日本的）的称呼。但长期以来直到今天，这种称呼的变化都只停留在单纯的名称革命上，仅当这个时候（这样说似并不为过），才自发性地产生出了与"法律革命"这一名称相匹配的精神史的果实。而且如果能注意到，这种精神的表达正是向强制推行"名称革命"的当时的权力主体——美军发出的、并且是对抗性姿态的决定时，就会明白，在当时的场景下，"能势队"所展现出的作为普通公民的"公务员"精神是如何自主的、真正的以及充满了内在确信的东西。虽然"公务员"这一名称是出自英语的直译，但在这里，这些已是无关紧要。重要的是，在他们脑子里有这样一种精神，即他们认为作为非军人的普通公民，要承担基于普遍性价值的义务，而且对强制这样的公民采取军事行动的权力会产生反抗，这种精神和反抗才是现实的问题状况。在这样的问题状况之下，只有贯彻了这种公民精神的人，才是和平的卫士，才是反军国主义者，才是应有的"公务员"的样子。战后的精神在这里产生了一个光辉的顶点。

在"能势队"队员的心里，存在着从战前就一直延续下来的勇气。而且这种勇气在经过了战后五年的经验之后，得到了锤炼，发生了形态的变化，成了本该有的样子，在精神上日趋成熟，以至于终能忍受着团体和权力发出的"胆小鬼"的骂名，毅然决然地发出了脱离战场的宣言。在这个成熟的过程中，分明潜在着一种自我批判，这绝不是在制度和组织的强制下唯唯诺诺地"坦白""自己有罪"的那种悲惨的"自我批判"①，而是与之完全相反的一种形态，是使社会的精神与自我共同得到再生和复活的、真正的自我批判——这是被历史所贯穿，并通过它反过来又使历史自身得到改变的相互主体性的自我批判。可以说，战后革命的光荣的核心之一就在其中。

于是，真正的精神性的勇气，既然是精神性的，则与加入有组织的战斗行为、展现出超人的勇敢相比，会更多地出现在敢于顶住团体

---

① 此处所指的应该是在二战后包括天皇在内的日本领导者和官僚毫无真正忏悔之意的"自我批判"。——译者注

权力的压迫和人多势众的非难、下定脱离的决心的情况下。在自古以来的历史上，这种精神性的勇气或被称作"斯多葛式的退却"，或被赋以"伊壁鸠鲁式的撤退"之名，又或是被叫做"对世界的断念"。而正是那些被如此称呼的人们，以他们从已堕落了的城邦中脱离出去的严肃的行为，教会了人们思考的意义——"哲学"——是什么。我们也是一样，一旦在必要的情况下，我们必须做到敢于脱离——在任何时候、从任何团体当中脱离出来。在这样做的时候，这些团体所受的并不是在非难、中伤、责骂等言辞的表面上，而是被暴露在名副其实的以身体进行的批判当中，并且只有通过在此中产生的对团体危机的自觉，团体的构成方式才会从内部得以改变。

假如有一天我们从国家中脱离出来，并不是在否定我们是日本人，而是会反过来促成日本的改变，改变团体意识过剩的日本，使之变成具备公平感觉的日本。其他的政治团体、文化团体以及职场和地域共同体等，情况都是一样。不包含脱离精神的、单纯的"参加"主义，会产生以"翼赞"之名为代表的大大小小、形态各异的追随主义。关于这一点，历史已经留给了我们惨痛的教训。

只有在一直包含着"离婚"的自由这种原则性危机的时候，"结婚"中结合的积极性才有可能存在。这就是分离与结合、脱离与归属等的辩证法。不管是在民族问题上，还是在各种组织当中，在这一真理上并无不同。而支撑这一真理实现的精神基础的关键，不是别的，正是是否有脱离的精神存在。理想地来说，只有当把全体成员脱离和流亡的可能性经常性地纳入考虑的时候，包括国家在内的一切组织团体才会是健康的。

批判性理性的叙事诗

——阿多诺《最低限度的道德》

如果有这样的一位哲学家，敢于直面遍及现代社会各处、以各种不同面目显露病征的社会哲学的种种问题，不顾自己已是满身疮痍，仍然艰苦地战斗着；以其敏锐的观察力，试图洞悉这些问题并作出批判性的考察，面对此情此景，难道我们可以不从中学习些什么就无动于衷地走开吗？阿多诺的《最低限度的道德》就是以这样的姿态出现在我们面前的一部作品。

但这并不是说，这本书的所有部分都是以同样的密度、同样的冲击力和同样的实在感出现在我们面前的。被纳粹逼迫流亡美国的阿多诺在流亡的后半期所写的这部著作共包括三个部分，其中1944年所写的为第一部，1945年的为第二部，1946～1947年的是第三部，由共计530条警句的论稿集合而成。其中，充分表现出刚才所提到的冲击力的文章，尤其集中在第一部当中。如果不惮稍微带些恶意来批评的话，那么比如在第二部中，除了其中的几篇杰作和散见于各处的精彩的几句之外，作者在有些地方的思辨过剩反而让人感到无聊的松弛感。但是当继续往前读个三五句，遇到让人拍案叫绝的短文时，前面的那些不足就会被超越，而到了第三部的开始，穿透力极高的文字的连续出现，则最终抵消了之前的感觉。在这之后，许多篇敏锐独到的短文使这本书的质的姿态得到了保证，而结尾文章精彩的辩证法，也保证了此书的这种姿态得以贯彻最终。但是尽管如此，在第一部中集中出现的高水平，难免使得第二部从整体上而言稍显逊色。这本书的第一部就是如此地形神兼备、如此地充满了知性卓越。因此，作为我们而言，阅读此书最为妥当的方法，也许是以在第一部中找到的问题作为视点，在与这些问题的关联之下，去读解第二部中那些问题性的杰作（比如第 79 篇那样的）以及那些分散的、能唤起人思考的句子。对于第三部也是如此。尽管这本书采取了警句集的形式——开放式的形式，在所有地方都设置了入口，这种形式的采用尽管也有着重要的原理性的意义，但同时他对以前的警句形式也并非采取了无批判继承的态度——但我认为漫无目的地随处读起并不是一个很好的阅读方式。尽管有些唠叨，但我还是要说，不管是在决定这本书的视野、还是决定其深度上，只有第一部才是具有决定性意义的部分，如果没有第一部，那这本书就不会如此优秀，我甚至认为，假设第二部以后的大部分都没有了，但只要还有第一部在，那这本书的价值也不会有丝毫的损伤。所以，假如我是这种情况下的阿多诺的话——请允许我作这种不逊的假设——我就绝对不会采取第一、第二、第三部各 50 多篇短文这种在数量上平均分配的构成方法。因为在量上进行调和与平均分配的思考方式，本是阿多诺所一直批判的。如果是这样的话，那么第二部可以砍去一半，第三部剩四分之三就好。当然，这是我自己的、而且是作为一个读者的任意妄想罢了。但是，能让外人如此热衷、就像是自己的事一样地主动作此设想的，却是这本书本身。它绝不会成为一本作为单纯的对象物的书籍——可以像物品一样进行分析整理，留下有用的东西、扔掉没用的东西，像做定食份饭那样进行处理的文献——，它是在 20 世纪的现代出现的、采取了非古典形式的——它是以真正的断片的集结的方式写就的———一部古典（一切都带着被巧妙整合的、协调的完结性，这样的古典只有在堂吉诃德的漫画版中才有存在的余地，这就是现代的状况。协调与完结，在社会的自然和人类的自然中早已不复存在，只有在作为遍及全社会的、机构性制度的虚伪装饰的时候才"存在"着）。我要在这篇拙劣的书评开头先讲这本书呈现的姿态以及对此的感想，也是由于这个原因。

二

这本书的第一部充满了强大的威力，说明 1944 年（恐怕还包括之前的两三年）对阿多诺来说是多么不同寻常的结晶的时期。要想知道这内在的"结晶"到底是什么，仅仅靠对他的流亡生活史中的细微事实进行实证主义的调查是绝对不够的。这是因为，如果仅仅用信用调查机构般的态度、没有能够超越于其上的带有洞察力的识见，是无法发现隐藏在他的内在结晶中的核心的。但是对于像我这样从未梦想过能成为阿多诺这样的学者的一介读者而言，对此作个大致的猜测也就够了。也就是说，作者的精神、方法与论述的巨大威力集中地出现在 1944 年的部分中，是因为在他 1938 年以来曲折坎坷的流亡生活中出现的各种困难和形形色色的问题，经过 1941 年从纽约迁至加利福尼亚之后，到了 1944 年，已经在作者的精神上以及理论上得到了充分的琢磨，他用思考的方式对全面规定了生活经验的社会现象所作的斗争，终于结晶成了彻底的批判性考察。若我们作出如此推测，应无太大不当。要想把苦涩的经验转化为需要考察的问题，并与这些问题进行多角度的对话，最终凝结到充满辩证法的理性的实践（praxis）中，这就像分娩时的瞬间一样，它需要一个一次性的机会（就算是持续了数年时间，但从质上来看需要的依然是一次性的机会）。它是这样的一种机会，假如你无动于衷地擦身而过的话，今后即便能说同样的话，看到同样的事，但在质的层面上已绝不是同样的东西了。以 1944 年为象征的那段并不太长的岁月，对于阿多诺来说就是这样的一种机会。在这期间凝成的结晶体所发出的光芒，不仅照亮了这本书的后半部分，而且对于他后来返回德国后所写的著作来说，都是一个持续照射的光源。

流亡这种生活方式，一般而言，在我们日本人的经验当中是很少的，要言之，流亡生活中所发生的根本性问题，就是在异文化之中作为带着负疚感的一种异物而生活。离开了把自己养育成今天这个样子的文化，来到完全不同的另一种文化之中，活在一种近乎完全孤独的状态之下、活在单凭一己之力什么事也做不了的环境中——也就是在一个甚至连自己的生活、文化和行动的各项能力都无法派上用场的孤独的环境中——而正是仰赖异文化的照顾，才终于能在生物学的意义上活下来，这样的生活状态正是流亡生活的核心。

　　这里所说的异文化当然不是就艺术、学问这类文化的蒸馏物而言。如果借用阿多诺的话来说，异文化其实指的是与生活的"度量衡"相关的东西。单是语言不同、食物不同或是对地理不详、对社会组织和制度的细部不了解等引起生活不便的东西，并不足以使异文化成其为异文化；渗透到生活的整体之中、日常感受度极高的"度量单位"的不同，才是异文化的异处所在。因此，就算在语言上再怎样精通、对交通再怎样熟悉、对社会的各种制度再怎样通晓，如果对于自如地过上自由生活所必需的那些东西缺乏某种触觉的话，那么就难保不会像离开水的鱼儿一样在一切事情上失去自然。或者虽然是做着同样的事情，但由于时机的微妙错位，行为方式就会显得刻意和做作。异文化，就是这种在整体上让人产生异质感的东西。对于观光客和留学生而言，这种异质感反而会成为新鲜感的源泉，会成为从自己的社会性根源的重压之下产生解放感的要素，但对于流亡者来说却绝非如此。他在自己的触觉根本不起作用、尺度标准完全不同的异文化中，只能是在所有的场合下、在所有的事情上不断地犯错，除此之外他根本无法生存下去。他并没有被赋予那种在犯了错后能自我安慰的余裕。而且，作为一个总是出错的存在，他能够生存下来，靠的不是别的，正是仰赖于这异文化的宽容度。在这种情况下，在这一异文化社会中能给他关照的人，通常是作为个人化的中介而出现。异文化的"关照"，在这种时候就以具体人格的形式来体现。身处异文化中的人，难免会在以下两个层面上感到自己对别人有所亏欠，一是对于整个社会氛围的宽容度，二是由于别人对自己的个人化关照而使自己蒙受的恩义。于是，被迫离开自己文化的流亡者，是绝对无法蜷缩在孤

独当中完成自足的，他的孤独是一种不管愿不愿意、都不得不接受充
满不协调之感的他者照应的孤独。这种孤独没有可以自我治愈的余暇
和场所，而是每日在不协调之感中被扩大再生产，而这种不协调之感
又在每一天的生活中获得新的种子而不断蓄积。自己总是重复出现的
犯错使得屈辱感不断增加，越来越不堪重负，而那在被宽容和恩义的
惠及之下才终能艰难生活下来的亏欠感也把矜持粉碎得体无完肤，仅
剩最低的限度（像阿多诺这样的犹太血统的德国文化人，一方面将具
备歌德的世界性的德国文化之精粹作为生活方式集于一身，同时，又
被作为另一个德国的权威主义的野蛮性排斥在外，置身于这种矛盾之
中的他们，对于自己的德国文化养成了远比一般德国人更为高度的自
觉和自负，对于在这种文化中养成的独立的精神而言，身处异文化当
中所受到的屈辱感以及自尊心所受的伤害就更为巨大）。

　　不管是什么样的流亡者，只要他在异文化中作为异物而生存，就
不得不经历以上所说的这种关系。但是，阿多诺和他的朋友们并没有
把这种经验仅仅停留在直接经验的层次上，他们是生活在"认识"中
的人，而且他们的"认识"具备总括性的意味，对于他们而言几乎可
以算是唯一真诚的"实践（praxis）"（参照 M. Jay《辩证法的想象
力》，Misuzu 书房）①。当认识才是最为真诚的实践时，能够保证实践
性的，只能是对认识的彻底真诚。在这个意义上，他们是在与普通所

---

　　①　M. Jay 的《辩证法的想象力》是一本以美国学者的方式将法兰克福学派的
历史以实证的态度进行认真的考查，并将结果作了要领突出的、整理的、"很好的"
研究书籍，是一本必不可少的参考书，尽管它那调查研究报告式的精神态度削减了
另一种真正的思想史所应具备的冲击力。

说的实践完全相反意义上的彻头彻尾的实践性的学者——他们是将对实践的热忱全部倾注到认识中去的人。正因为他们是这样的人，才能够对魏玛时代以来所有传统的形而上的哲学持批判性的态度，甚至对于自己也深受其影响的马克思主义也能带着批判性审视的眼光，与包括自己的理论在内的所有的文化形式进行批判性的对话，并在被认为"真理"只在其中显现的、各种范畴相互对立竞争的"力的场域"①——这是"个别性"与"一般性""主观的"与"客观的""内在的"与"外在的""理解"与"批评""界限"与"越界"等等相互格斗的"力的场域"——中，努力地阐明其内部构造。这与将所有的一切都吸收还原到一个事物中、制定简单的"实践纲领"，然后从中抽取自己梦想的"实践"的态度不同，他们是在竭力探究相互对立竞

---

① 真理存在于诸范畴对立竞争的"力的场域"中，这句话出现在他之后的著作《多棱镜》中。虽然作为话语出现得比较晚，但作为思维方式来说，早在之前就已在阿多诺的身上存在了。因为，"批判的理论"的核心就在其中。也就是说，真理既不是专门存在于"主观的构成"当中，也不是专门存在于"客观的理念"与"客观的经济关系"之中。"真理"被集权式地吸收到这些特定的范畴之内，很容易在集权体系的打造过程以及在保护作为结果而产生的体系的过程中产生虚伪的结合，而其中背叛"真实"的虚假意识往往正是在"真理"的名义下被生产出来的。但是，允许虚假产生的并不仅仅是向特定范畴的集权式吸收。常常是在各种范畴相互集合、圆满无事地分有"真理"的调和性体系中，以及在那乐观的充满希望的观测中包含了虚假和谎言。

所以，排除虚假意识发现"真实"的过程，同时也是对在具体情景下的每一个范畴进行不断的批判性考察的过程。对造成虚假意识的、以打造体系为目的的、理论上的集权主义以及简易的调和性全体主义的拒绝，是"批判的理论"的前提。各个范畴不是秩序井然地向着一个中心被还原和吸收，也不是在圆满的调和中安稳定居，而是必须相互撕扯在一起，只有通过辩证法的方式，才有可能在这些范畴之间产生关联。

争的"力的场域"的真正样态，对每一件事物都进行批判性审视的理论训练。这才是超越了康德的以"指出其界限"为中心的批判理论的、20世纪的"批判理论"，是新的"社会哲学"的诞生。

在异文化之中作为异物而生活，这对他们来说到底意味着什么呢？它不仅意味着刚才提到的流亡生活本身带有的一系列问题，还意味着他们不得不遭遇对于他们的总括性"认识活动"而言最为重要的动力源被切除的危机。认识，并不是部分性的检查，而是对诸种范畴在其中对立竞争的"力的场域"的解剖，越是那些关系到自己的实践性能否实现的总括性的事物，就越是与热情及各种各样的"冲动"难以分离。关于这一点，只要想起在黑格尔那里的"激情"与"理性"的结合就足够了。在这一点上，阿多诺他们是属于黑格尔式的思考系列的。就连阿多诺所说的"客观化"这一冷静的思考活动，也是"由冲动所滋养的"。也就是说，一般而言，"认识得以从中得到动力"的水源地，就存在于各种各样的"愿望""爱情"及"不安"等"冲动"之中。比如——阿多诺就说过——就拿"记忆"这种被对象化了的思考的素材形态来说，它也依然是与"想要努力地与渐趋消逝的东西建立联系的某种爱的情思"无法分离的。对这种东西即将逝去的不安、希望它能长久留住的希望，都包含在这个时候的"爱情"当中。就连"记忆"这种像思考材料仓库一样的静态精神形式，在其根部也存在着这种动态的精神要素。这种"冲动"的复合体，在所有思维形式的根部发挥作用。养育了自己的文化（生活方式），同时也是孕育这种"冲动"的母体大地，当离开了它，置身于一切都是外来者的条件下时，冲动的复合体就被极度地单纯化了。被缩小成了各种成为交易和交涉起因的利害冲动、对别人给予的同情的单纯的谢意和社交道德上的体贴等等。

在流亡生活中产生的丧失"母语"的问题，本身并不单独构成一个问题，而是与刚才所说的孕育"冲动"的母体大地的丧失难以分割地结合在一起而出现的——进一步说就是作为后者构成分子的一环而出现的。语言本身并不是认识活动中特别且独立的实体。认识到这一点还是比较重要的。如果不考虑到这一点，就难免会出现滥用语言学难得的有益成就的结果——语言学是将语言单独提取出来，在这个意义上将其作为独立考察的对象对待——，而且也容易出现那种把流亡生活的问题简单地还原为语言问题的常见态度。有相当多身处外国的人"外语流畅而认识力为零"，可以说隐含在这种现象当中的，就是对冲动的大地与语言之间这种不可分的有机联系缺乏感觉。的确，即便在认识活动之中，语言也不是仅仅与冲动的根源有关系。在具备了一般性的、抽象的认识活动的最终表现形式中，语言也具有同样的重要性。但尽管这样，语言仍不是自身具备完结性的独立的实体。所以，生活于"认识"中的人在异文化之中过着作为异物的流亡生活时所发生的语言障碍，并不是单纯的外语学习方面的问题。第一，对于阿多诺他们来说，美语的习得等等——这与我们不同——应该算不上什么问题。作为认识活动的动力源——"冲动"的大地与作为思考方法的基础的理论性传统等相结合，形成了一个复合体，只有在他们感觉到从这种复合体当中被连根拔起的时候，才会在语言层面上感到"母语被剥夺"的感觉。真正的问题不在于语言，而在于被从与"冲动的地基"相结合的"母语"文化中被放逐出来这一事实当中。因此阿多诺不仅把这种思考方法的传统，而且把"冲动"的地基包含在内，统统称作"认识的历史的层次"。其中的"历史"并不是仅处于时间序列中的过去。使得认识从中发生并支撑着认识活动的纵向的社会文化的根基，才是"历史"。纯粹过去发生的事当然也包含在其中，但即便是过去所发生的事实，其中对我们的认识活动发挥着刚才所说的"地基"的作用的，才是他所说的"历史"。阿多诺他们在美国的流亡生活中痛彻感受到的，就是这种"认识的历史的层次"的丧失。如果对于这一点，有人把它称作他们难以逾越的"文化的障碍"并以此来理解此事的话，那这种理解方式是我所不愿见的。现在阿多诺不是并没有接受这个用语、而是用"认识的历史的层次"来称呼它并致力于更深地挖掘这纵向的文化根基的意义么？只有在这种时候，丧失感才能够反过来大大拓宽所要认识的世界，进一步推动认识活动的前进。也只有在这种时候，带有悖论色彩的"冲动的地基"才会再次出现。这一新的"地基"已不再是直接的母体大地，而是把这种丧失感反过来重新作为"地基"，而这是带有能动力量的"地基"。认识者身处绝境，但这一绝境又因为如上原因而健全。假如伽利略在发现"地动说"的时候，真的说过"今后要拿出勇气来生活于倒悬之中了"的话，那么我们很难说在当时的阿多诺身上没有与之类似的——尽管规模要小一些的——内在经验。流亡生活的精神的"结晶"以及如前所述的状况，就其内在核心而言，指的就是这个。与之相较就可以大致明白，那些口中说着"文化的边界"、认为运用技术就可以轻松地"跨越"这一边界"迈步向前"的幸福的文化扩大主义该是多么平板化的思考了。

　　于是，须臾无法离开"认识"而生存的人们在被迫流亡时所发生的丧失现象，反而越能够进一步成为"认识的地基"。而能够深刻认识到这一点的人，在面对刚才所见的内在于流亡生活中的一系列问题时，他会怎样行动呢？我们试着翻开《最低限度的道德》的第一部、第一篇格言。它名字为"写给马塞尔·普鲁斯特"，但对于普鲁斯特其人其事却无一字提及。其中所记载的，是有着"宽裕教养"（19世纪作为资产阶级的市民的教养）的独立精神在逃离自己的出身阶级进入研究机构时发现的现代的宿命般的规制。已成为官僚制经营组织的现代研究机构中贯穿着的实务主义、因此产生的极端的"精神的部门化"、多数人的强烈的专业销售意识、最终导致的对自由精神的排斥、对这种分工制的强烈的同调意识，所有的这一切在结果上都导致了研究机构对"独立精神"而言已经不再可能是"避难所"，而这些人所属的出身阶级和体制也对从自身内部出现的"流亡者"展开了"复仇"。这20世纪前半叶的命运交响曲以高度凝练的形式在这篇短文中得以叙述。通过把它作为"普鲁斯特"式的局面来处理，文章具备了带有象征意味的扩展性，而通过作为现代社会批判来记述的方式，文中也产生了敏锐的客观性视角。但对这一点暂且不谈，这里首先冒着过于陷入深度阅读的危险提醒注意的是，有着"宽裕教养"的独立精神为了寻求自由的认识活动场域而逃离并最后到达的地方，也并不能成为保障他们活动的"避难所"，这种现代性宿命的主题（motif），在另一方面也和阿多诺自身"纵横敌阵三百里"的经验具有难以分割的密切关系。这篇短文当然描述的是对于追求自由的精神而言并不存在安全的"避难所"这一现代社会普遍存在的问题，但也可以看到在他的经验层面上验证了这一普遍问题的一个契机，就是他在美国的生活。不仅仅研究机构是这样，在本应是摆脱了德国那种旧的权威主义限制的美国的几乎所有机构当中，都贯穿着一种全新的"实务"主义的、"业绩"主义的限制，而本应自由的精神在这里丝毫找不到存在的余地。于是横扫整个社会的管理组织化，就成为本文中贯穿20世纪世界根部的倾向性病理。

要从第一篇短文"写给马塞尔·普鲁斯特"中直接发现它与流亡经验的相关性，恐怕多少有些勉强。要是想直接地得知他对自己经验的自觉考察，不如去看描述流亡生活本身的第13篇文章"庇护、援助与助言"。他说，自己的全部生活都被囊括进去的社会环境，在根本上对自己而言是个"无法了解的世界"。"在自己的生活的再生产，与使自己对物自体抱有责任的工作之间，存在着难以和解的裂缝"。在这种情况下，要么是失去了只在自己的文化中才有的从容，导致自私主义的猛烈喷发；要么是变成内心毫无力量的投降者，对来自外部的"铸型"只会表达追随的忠诚。文章清晰地描述了流亡者"社会"的病理：正因为被置于绝对的孤独之中，包括工作在内的一切社会机会对自己都毫不青睐，因此反过来就会成为激烈的相互竞争的俘虏。这个过程中，个人内部会发生残酷的内在冲突。所有的这些，都被毫无遗漏地以简短而切中肯綮的语言、带着极大的冲击力地被客观地描述出来。

三

在《最低限度的道德》里，阿多诺所持的态度是对自己身处的丧失了与自我的同一性的疏离状况做出彻底且自觉的考察。这种态度会使自己从这种疏离状况中被进一步疏远（疏离）。这会产生一种充满自觉的考察的努力，它自始就不把幸福的"客观真理"等作为前提，在这样的立足点上致力于对状况进行客观的审视（这是将自己的意识从状况中疏离开的客观审视）。在这个意义上，可以说他所置身的是疏离的极致境界，或是处于疏离的极限边界线上。他决不会接受那种仅是为了眼前的和暂时的宽慰所做的虚伪的"拯救"（他所需要的"拯救"的辩证法也只有在这疏离的极限边界上才会被需要）。他有一句话讲述了这种疏离的极限状态是何等可怕："即使无法从灾难当中逃离出去，也要将灾难从附着于其上的凶恶暴力的盲目性中剥离，要想获得拯救，必须通过意识寻找解救的办法，除此之外别无他法。"他有一种强烈的意愿，即便己身遭到毁灭，也绝不成为认识上的盲人。他甘愿付出全身之力，成就一双意识之眼。这真是将认识作为唯一诚实的实践的人的真正面目。而这种凛然而立的姿态，才正是在疏离的极限状态里活动的精神立场。

逃亡至新大陆对他们而言事实上是双重的流亡，一方面是离开祖国去流亡，另一方面是离开欧洲大陆这一对他们而言是文化上的世界去流亡，与留学、观光和工作调动完全不同的是，这给他们带来的是根本性的丧失。而与之恶战苦斗的认识的战士，就是自己通过有意识地体现这疏离的极致状态，面对将人、生产、劳动和精神活动等一切全部异化的"疏离的现代社会"挺身而出独自与之相对峙的人。这已经不再是属于流亡者这种单纯的个别事例的问题了。将处于非常时期下的个别性的内容推到极限的结果，就是超越了个别性的限制，成为现代性认识的普遍典型。与无自觉地接受了现代的疏离的那些幸福的平均代表恰恰相反，他们是在社会性疏离的状态下，通过批判使自己进一步疏离，将自己逼入"疏离的边境"，正因为是在这疏离的边境中产生的认识，所以才会成为典型。

当从这一典型来看的时候，对于现代社会这一对象，就不能用比较社会学等理论来考察了，因为后者是从量上来"测定"个别社会的平均代表间的差异和"文化的边界线"的位置。不是从超越的位置来"对文化社会进行计算测量"（阿多诺说过，"文化是不可计算测量的东西"），而是对于现代社会加诸于我们身上的各种规定，必须要运用辩证法的理性，以批判性的对话与之进行斗争，而这个斗争的舞台就是现代社会。

运用辩证法理性的个人，当然不是 19 世纪那种大写的"个人"——能独立生产，独立工作，独立营生，所以也可以独立自由地思考的实体的"个人"——这里所说的个人，是被暴露于已整体呈现管理制度化的社会的客观规定力之下，被置身于疏离的社会之中，并将这种疏离作为无法回避的状况纳入自身内部，以此对这疏离的社会进行批判性认识的个人。作为 20 世纪的认识者的个人，必须要认识到实体化的个人性主体已不再可能存在，只有在那些有勇气——也不能没有这种勇气——公开表明这种丧失感和没落感的人当中，同时也只有在坚决不被物象化了的组织和同一化了的集团所同化的人当中，才能艰难地得以创造性地再生。如果对"创造性"抱有怀疑，只要想起之前解释过的对"倒悬的大地"的发现，疑惑也就可以消释了。那里鲜明地存在着一种契机，能将作为直接的冲动的大地的"丧失"，反过来作为全新的"大地"来把握，并能以此创造新的大地。

　　但是，也许我在进入对《最低限度的道德》的内容的探讨之前，有些过多地涉及了阿多诺的流亡经验。阿多诺自己在这本 153 篇短文的书中，除了分散的只言片语之外，将流亡生活的问题直接作为主题的仅有一篇。而且在这仅有的一篇短文中，他也绝没有冗繁地讲述他自身的流亡生活记录。他的考察，是将没有经验就绝不会到达的真实放在客观的联系中进行把握，就算是在谈到应重视主观性的时候，也要通过讲述造成这一结果的客观性规定来展现。他决不允许自己作主情式的倾诉。让我再重复一遍，他在考察和表达中所贯穿的基本态度，是追究"主观的"与"客观的""内在的"与"外在的"等要素相互对立竞争的"力的场域"，并对此进行考察和表现。所以，一切的还原主义、一切的同一化都被他所拒绝。喋喋不休地讲述自己的体验的做法被否定，也是自然的。正因为如此，在这本书的序文、致霍克海默的"献辞"中，他这样说道："对于直接的生活，要想知道它的真实，就更应该追求那被疏离了的姿态。那是对全面规定了个人的实际存在的各种客观力量的追求。"他接着又说道，"如果对直接的物事作直接的（无媒介的）描述"，那最后只能造出像低俗小说里充满虚构的主人公那样的人物，生产出本来并不存在的"主体"的低劣模仿品，为虚假意识的生产施以援手。他的记述一贯是媒介性的。所以，其结果就是，尽管这本书的副标题是"在充满伤痕的生活里的省察"，但我们大略读过正文之后，并不能一下子明白这副标题的含义。在对"写给马塞尔·普鲁斯特"的部分做出解读的时候，已经提到过这一点。其中有着两重、三重的意味在相互缠斗。这本书真正是辩证法理性层次上的流亡经验的叙事诗，但生活经验本身在其中并未现身，而是仅仅描画了辩证法的理性对规定了生活经验的各种客观的力量进行批判性战斗的奋战姿态。"在威斯康辛之后，写诗是野蛮的"，他后来所说的这种对直接叙怀的否定的精神，在此处已经被贯彻。作者似乎在说，只有对辩证法的理性的战斗的记述，才是在现代唯一的叙事诗，也只有这种批判的理性的活动，才是在现代真正无虚假的"事件"。

（未完）①

———————————

① 日文版原书即有此标注，作者在后记中有说明。——译者著

新品文化

——崭新光鲜的所与性

我们现在生活在一个可怕的时代。在这个时代里，物与人的关系发生了根本性的变化。所有的人在生活中已不再是"homo faber"①。我们身上所持有的东西都是作为成品给予我们的，而我们的一切的生活手段，也都是像电话亭和煤气灶这样，是一些已经完结了的装置。就连食物，其大部分也都是半成品——而且这个"半"，也是为了给我们以游戏的乐趣而专门有计划地停留在"半"的阶段上，在这个意义上，它就更是精细的、完全的成品。在这里，"物质"的根本概念被颠覆，它与自然材质之间的联系被完全夺去后呈现在我们面前。它的原质及上古时代的原型，并未留下丝毫的痕迹。今天的"物体"因

---

① homo faber，拉丁语，指人，是在与动物相区别、而且是在人与动物的本质区别在于人会制造工具的意义上指人。——译者注

为它那严整的形式，已不再是想象力的对象。它仅仅以现在的形态存
在，秩序井然，能够让人想起前世或是预感来世的些微痕迹和模糊预
兆都已被一扫而空。想象力之所以成其为想象力，就在于它会使人交
感式地联想起前世的（而非过去的）以及来世的（而非未来的）样
子。但如果对过去的记忆以及对将来的预测都不过是在计算与现在有
多大的连续性，那这种记忆和预测就不可能包含对现在状态的断绝或
是飞跃。但是，如果有想象力的话情况就不同，尽管是昨日之事，却
可以成为"记忆"，让人想起前世即上古时代，而尽管是明日之事，
却让人生出对来世、亦即彼岸（地域、极乐）的预感。这其中存在着
历史，历史与毗邻的过去不同，是对"没落""崩溃"以及"破裂"
"发展"的质的切断；也包含着乌托邦或是反乌托邦①，它不同于人
们预测的未来，它与"超越""飞跃"或是"新旅程"有着质的隔绝。
因此，与作为信息仓库的过去不同的"另一个现在"以及与作为计算
对象的预测性未来不同的"另一个现在"才会清晰地浮现出来。但
是，今日的物体仅仅作为已完结了的现在形态而存在，其中丝毫不存
在这种想象力得以发挥的余地。那煞有介事的整肃的秩序把一切可唤
起想象力的形态全部遮蔽。正因为如此，在今日要想调动想象力的作
用，就只能特意从歪曲的角度去观察"物体"那严整的表面形态。又
或者是剥掉那有序调和的正面之后再来观察，或者是将那合理的形态
分解得支离破碎之后再来观察，总之，想象力都只能是在对物体表面

---

① 由此看来，作为思考的历史就不同于单纯的记忆或是年表式的记录，它深
深地与想象力的发挥内在地结合在一起。而且，历史与乌托邦也有着这样的同根性。

的不信的方向上起作用。如果现代的想象力还想继续成为想象力，就只能朝着变形、讥讽性模仿文学（parody）、滑稽画、寓意、讽刺和"超现实主义对象物（objet）"的方向行使，这恐怕也是由此而来的。

现今存在的甚至使人的想象力都变形的成品以及完结的装置，是按照集人类至高的专业才智于一身的"合法则的类型"而制造的。所以成品会表现为合理性的物化了的形态。而这种合理性的物化，实际上就是将人类的理性全部吸收到成品中去。当物品吸收合并了理性的时候，产品就得以完成，而当理性被完全倾注到物品中去时，作为理性的完全物象化的"合理化"就得到了贯彻。

当官僚制这种人类组成的机器开始在公共机构和私人经营两种领域都迅疾地推动了社会的机构化与合理化的时候，恩斯特·布洛赫（Ernst Bloch）将这种状态称之为"理性缺席的合理化（Rationali-sierung ohne Ratio）"，然而这种倾向在今天已经不是用"倾向"这种词汇所能表现的部分性的存在了，而是席卷了社会生活的全部领域。不仅人的理性因此变成了组织规范这类形式的实体，社会活动的全部领域都官僚制化，而且所有的生活必需品都变成了产品——这种合理化的物体，整个生活领域全面凝固。于是，人类理性仅在人的内部才得以保持的那些理性固有的特征就都消失了。也就是说，"尚未采取特定形式"因而具有的丰富性（也可以称作原初的抽象性）、"今后可能成为任何一种形态"的可能性（这也可以称之为横跨弹性的复原能力和可塑的变形能力这两极的扩展性）以及这种宽广的可能性所确保的普遍性、即使面对非合理的感情也要在洞察之后与其并立并进一步相结合的宽大性，所有这些固有的特征，如今都被从理性中夺去。理性变成了一个固体的形态而被特殊化，并在凝固之后被裹入"物的装置"以及成型的产品中。这是对理性的禁闭和监禁。而被禁闭和监禁了的理性，既然已失去了理性固有的丰富性、可能性以及普遍性和宽大性，那它也就不再是理性了。"理性缺席的合理化"这一命题，在这个意义上可以说是触及了现代社会的危机的核心。

确实，在今天，街道的结构焕然一新，建筑物、汽车、人们的穿着、手中持有的物品全都是新品。但这些新品就像我们所见的那样，是作为成品被给予我们的。即便是再怎样定做的东西，在其本质的部分上也依然是成品。而且越是高级的订制品，就越是有更多的理性被整体地转化为物品。别人赠与的二手的廉价品直接地体现了现代的物象化，而那些昂贵的特制品则通过充满虚伪的、精致的物象化，甚至连反省的意识也一并扼杀。所以在这新品化的世界中，作为物品首次出现于天地之间时的生成经验是不可能在我们面前清晰展现的。它们只不过是作为可以买下的被给予的东西，也就是以崭新光鲜的所与性出现在我们面前。在今天的新品文化的底层贯穿着的根本性实质，就是这种既成性与所与性。

当一块门板被修缮的时候，会出现一种"重新出现的崭新性"，也就是更新，然而这种更新在新品世界里是没有的。一块门板会切断与周围的延长性的连续，并通过连续的中断被"引用"，而向被抽去的部分所做的新的插入，并非是机械性的，而是与周围的关系的重新形成。在这种时候，那重新排列了的断片就都发生了变化，其中出现的蒙太奇式剪辑效果其实是关系的更新，在这一点上，它们是全新的。而这种全新在完结了的现在时态的新品世界中是不存在的。新品世界里存在的仅仅是全部废弃与购入新品的手续而已。

另外，当破漏被很好地缝补的时候所出现的"再生"与"复活"的崭新性，在新品的世界里也是不存在的。当缝补是考虑到与周围部分的抵抗关系并作为与之"包含了对立的和解"而完成时，其中所出现的崭新性是在一个整体构成当中的崭新性。所谓的再生与复活就是这样的东西，它一边是部分的再生，一边又是关系性整体的复活。而这种崭新性在固体的、完结了的新品世界中并不存在。泛着崭新光泽的新品的所与性，只是完全可以找到替代品的流通物，而非作为经验行为的崭新性。

所谓经验，就是物（或事态）与人之间的相互交涉，由于对方的物的材质、形态以及所处环境的不同，如果此方先前的设想中包含了任意的成分，哪怕是极少的成分，人也不得不改变原先的设想重新考虑；也就是说，经验不得不经历来自物本身的抵抗以及在接近物的过程中的迂回曲折等；也就是说，它必须要经过"媒介"才得以形成。所以，经验与根据设想、设计、模型而来的单向制作过程完全不同。单向的制作在其直线性特征这一点上与官僚制相类似，也与军事化的处理相对应。而与之相对，经验的结晶的固有的特征，是它在某处一定包含着在与物（事）交涉的个别方式中相伴而生的一次性。① 这是

---

① 能够使作为物（或事态）与人之间相互交涉的经验得以在我们内部被作为经验意识到（自觉），并成为对我们而言的经验，成为规定我们自身的思考方式、感受方式以及行为方式的东西，是"经验的结晶"。在这个意义上，当初的经验在发生之后必须经过一定的时间，"经验"才能得以形成。因此，在考察"经验"的构造时，"时间"的要素就不能被忽略，但本文不拟对此问题作深入讨论。但如果对"经验"所包含的时间契机能给予这个注释所提示程度的考虑的话，就可以发现，此处对"经验"的思考本身，就已经是对"新品"属性意义上的某种即席性的根本批判。

相互性留下的痕迹，也是社会性事物的胚胎。而在今天出现的新品，则是将无数复制而成的零部件、通过无数直线的复合性装配线整合而成，因此其中并不存在相互交涉的痕迹。虽然在组合这一点上看上去与蒙太奇式的剪辑相类似，但它不允许出现蒙太奇通过"中断""引用"和"插入"产生的"部分间相互抵抗的关系""媒介""和解"以及"变身"，因此在这一点上它其实与蒙太奇恰恰相反。只有当那些内部不包含组合的、单纯的、廉价的复制品终于能成为蒙太奇的素材的时候，才有可能成为相互性的要素得以重生。而拥有复杂构成的新品，由于抹煞了一切的痕迹，它没有瑕疵也没有污痕，反而除了成为光可鉴人的所与物之外别无他途。

当以前提到既成的东西时，往往其中包含着一定的过往的意味。所与性在许多情况下也意味着、并包含着一定的传统的性质在内。而这也使它与经验相敌对。但是在今天，以完美的合法则性为荣的既成性与所与性，已经以新品文化的形式，在这崭新当中发现了自己的栖身之处，并潜入其中，最终成为新品中潜藏着的灵魂。本来，"灵魂"指的是在精神的基底藏身并活动着的真实之物的活动，它与失去了真实的、头脑中创造的虚伪理由与技能相对。但是在今天使想象力变形、吸收合并了理性的成品文化的世界中，就连本应是精神的真实的灵魂，也失去了立足之地，"灵魂附体"在了新品当中。附着上去的虚伪的灵魂，就是既成性与所与性。所以，对新品文化的崇拜，以及为了获得它而对金钱手段的崇拜，最终也会导致对藏身于其中的附体灵魂——既成性与所与性的崇拜。现在，在这种日常生活的基底当中，对那些被称作"创制"（establishment）的既成事物的优越以及国家威望等"装置的信仰",不是已经披上了光鲜的新装并日渐成长吗?

如果是这样的话,那我们就不应该受了"now"或"现在"这种流行语的蛊惑而去相信"新品的世界"①。而是要反过来,我们应努力将现代的想象力所展示的"对物体表面的不信的视角"化为自己之物,小心地将现在仅存少量的想象力的飞跃性、理性的多义性以及经验的相互主体性组合在一起,并将这组合的一个一个片段锻造成为能在质的层面上与"理性缺席的合理化"进行对抗的东西。作为 20 世纪的方法的蒙太奇,也必须要朝着这个方向努力。② 的确,要想背负起这一方向的人,很可能会在压倒性的"合理化"的碾压机前被压碎碾平,最终成为一个"顽固不化的愚者"。但是,生成经验与它的再生、复活中包含的真正的崭新性,只能从对今日的怀疑中,从产生出半是"顽固不化的愚者"的质的少数派——换句话说就是精神的在野性——的过程中才能产生。

---

① 此处所说的"新品",当然是带有象征性含义的。因此它与比如书籍的撰写、制作等绝非毫无关系,与艺术的制作也并非没有关系。

② 对于蒙太奇的这种要求,可以成为比如在进行电影分类和照片分类时的一个评价标准。我期待着这一时刻的到来。

后　记

　　这本书是我在 1975 年至 1981 年的数年之间"因一些偶然的机会"所写文章的一个合集。除了其中的两篇文章之外，多数都是发表在不太引人注目的场合，现在却能集成一本著作得以出版。在如今印刷品如洪水般泛滥的状况之下又加上我这一本，这本身就是件未必受人欢迎的事，而且本书是否真的具备一定的价值可以抵消因出版它所产生的害处也是个疑问。

　　想要把每篇文章写得尽量短小精悍、简约一些（在这个限度之内抽象一些），是对向着巨大化不停前进的"膨胀倾向"的一种无力的反对；而想要尽量写得含意更广一些、将"隐藏的层次"写得更厚一些（在这个限度之内更多义一些），是对如疾驰在高速公路的指示线上、延伸的仅仅是单线距离的平面性扩张的一种极其微弱的对抗。不过虽然说是"反对"和"对抗"，但并非是抱着紧绷的"战斗意识"来写作的，而是恰恰相反。所以都尽量发表在了不太引人注目的地方。也正因为因此，收入这本书里的各篇文章，基本上都是"因一些偶然的机会"，被友人诸君半是强制地向我约稿的时候才写的。"因一些偶然的机会"就包含了对"偶然"的灵活运用。根据从外部进行的安排、设计以及因此产生的"必然性的规则"来支配一切的管理型社会所形成的压制，就是以偶然性的完全排除为基础的。借用远山启氏的一句名言来说的话："没有偶然性的社会是不健康的社会。"为什么会是这样呢？因为排除了偶然，就剥夺了我们从生活之中遭遇未知事态的机会，将每一种物事给我们带来的个别性的抵抗一扫而空，这样做的结果就是消灭了与物或事的相互交涉即人类的"经验"。

因此，笔者希望，当人类社会与事物相遭遇并开始了双向的交涉时，对于这个过程中所产生的感受性、反省的意识以及形象的创造、理论的追求这些活动，不要毫无理由地加以排除、压制或是忽视，而是应作为相互纠缠、相互关联的东西来对待，尽可能地阐明其中的关联性。对于新石器时代粮食生产革命以来的全面的大变动以极其讽刺的形式带来的"人类的史前的终结"，从这一根本的危机中再次使"精神"和"经验"（也就是作为相互性的"社会"）获得重生的一个办法，就是对于人的存在这个问题，不再以自我为中心地进行思考，而是尽可能地从外部出发重新思考和了解这个问题，以关注的眼光深入精神和经验的内部，尝试对其内部构造进行"解读"。这种微弱的不彻底的考察只是面对这一问题迈开的一小步。

最后，我要向为这本书的面世给予我长时间的直接或间接帮助的各位表达衷心的感谢。首先要感谢的就是给我机会写作收入本书的各篇文章的各位友人——

　　福音馆书店的菅原启州氏两年多来一直对我尽督促之劳，他很注意方式，常是看似随意地提起，从不使我感到负担，在此表示感谢。另外，在与我的对话当中，他恰到好处地使用了我在别处用过的"小国寡民"等我们之间习熟的、贴切的口号，使我联想起来，对此也要表示感谢。此外，他还赠予我多部书籍（并教给我很多事情），在此一并表示感谢。总之，对菅原氏在与我接触的过程中的细密周到和满怀真挚，我表示衷心的感谢。正因为菅原氏的原因，我才终于写出了自己真正想写的东西。

　　岩波书店的田中祯孝氏这么多年来一直兢兢业业于书的搜集和其他琐碎的工作，而丝毫不以自己为功，在此也表示感谢。同时，他还非常周到地与伊藤修、都筑令子两位前任负责人联络，促使不愿动笔的我终于写出了《吉田松阴》，对此表示衷心感谢。如果没有他耐心而顽强的督促，我是一定写不出《松阴》这篇文章的。但是一旦写出来之后，直到今天我都觉得幸好写了这篇文章。

　　Editor School 的谷川公彦氏，对其编辑业务以及与之相关的接触我自然需要致谢，但更重要的是，作为自"安保"以来的老朋友，他在生活领域的各个方面一直关照我至今，在此表示衷心的感谢。若要逐一列举恐将没有尽头，唯有以一句感谢来代表我的心意。当情形过于全面的时候，语言却反而只能简单。

　　感谢"朝日 Journal"的高濑昭治氏在我写作《昭和是什么》时给我提供了阅读全国的地方报纸的机会。并且在这之后至今，他对我的身体状况一直表示关心，这份友情让我心存感激。在我尚年轻的时候，第一次为杂志写文章，当时的京谷秀夫氏为了促成此事付出了许

多的努力，对此我一直未曾忘记。而高濑昭治氏后来让我有了一次与
尊敬的京谷秀夫氏见面的珍贵的机会，对高濑氏的关照深表谢意。

　　而关于发表在《思想的科学》刊物上的《战后议论的前提》，情
况则颇为不同。那是一位年长的友人——请允许我这样称呼——鹤见
俊辅氏有一晚专门打来电话，开门见山地就要我写这篇文章，像往常
一样说话直截了当，对如我这样的年轻后辈也一样虚怀若谷，他说他
向刊物推荐了我。① 在"《思想的科学》事件"② 发生后感到自己也应
尽一份力的我一直想要做些什么，所以听到这话马上就答应了。素知
那时的我常常懈怠的鹤见氏后来说，在我交原稿的当日，他担心原稿
送不到，还专程来到了东京。在那晚接到他的电话中知道此事，我自
然甚感惶恐，但同时在电话中知道鹤见氏对我的原稿大为赞赏的时
候，也感到无比喜悦。我知道鹤见氏素来擅长夸奖人，但这篇文章终
于使我某种程度上得尽义理，又能重与鹤见氏讨论交流，所以甚感喜
悦。如果没有这个"义理"，恐怕这篇文章也是不会写出来的。潜藏
在经验与历史中的某种精神的动机就这样把一种思考挤压到了表达的
水面。鹤见俊辅氏发现了我身上具备的义理的感情，对他的慧眼独

----

　　① 鹤见俊辅是刊物《思想的科学》（1946 年创刊）的创刊人之一。——译者注
　　② "《思想的科学》事件"指 1961 年 12 月原定出版《思想的科学》1962 年 1
月号的中央公论社，由于该号为天皇制特集而拒绝出版的事件。在此事件发生之前，
杂志《中央公论》1960 年 12 月号刊载的深泽七郎的小说《风流梦谭》中由于有皇太
子、皇太子妃被民众斩首以及民众袭击皇居的情节，中央公论社的社长家遭到右翼
青年的袭击，社长夫人身受重伤，家里的帮工死亡，此事被称为"《风流梦谭》事
件"。受此事件的影响，中央公论社作出取消发行《思想的科学》天皇制特集的决
定。此事发生后，鹤见俊辅等编者脱离中央公论社，成立"思想的科学社"，自主发
行刊物，直到 1996 年的 50 周年纪念号休刊为止。——译者注

具，我深表感谢。

对朝日新闻社出版局的初山有恒氏，有两件事需要感谢。其一，策划了关于"昭和元年的新闻"的论题并向我邀稿的，正是初山氏。那时正值我经济最为贫乏之际，接受这个邀约实是为了换取度过年关的资金。面对我增加稿费的要求，他大度地应承下来，那独特的风貌和宽大的气量带着某种幽默感，使我印象深刻。那时他那隐约可见的"细心而大胆"的风度，在这种多数都是机关办事风格的公司职员的大新闻社当中，更是显得尤为不同。之后当他邀我撰写"朝日 Club"专栏的时候，我难得地迅速和几位同仁共同承担下来，并持续为之撰稿了一段时间。所写的文章其一，就是收入本书的《脱离的精神》。尽管相处时间不长，但相互之间却有着某种灵犀，我与初山氏的关系就是这样。在此再次感谢他那慷慨而无言的友情。

对 MISUZU 书房的小尾俊仁氏，首先要感谢的是，当我提出希望将自己为小杂志《MISUZU》撰写的《新品文化》一文收入本书时，他很高兴地同意了，对此我深表谢意。那本不是一份赚钱的杂志，而且我已经是有固定工资收入的人，不复有攒稿费以度时日的必要，但尽管我再三推辞，他还是不管我有无紧缺，都支付稿费给我，而且当我提出要把此文收入本书中时，他欣然同意。对他的这种特别的厚意，我深感过意不去。然而他的厚意并不止在此一端，其实这二十多年来小尾氏在公私两个方面都给了我非同一般的帮助。比如，关于我辞去大学教职一事，其实早在三年之前我就与小尾氏之间达成了默契，但由于大学发生了骚动，反而迟迟未能实现——当然，与大学事件本身的关系也是一个重要的理由——这件事也是我们关系中的一方面的真实。与小尾氏之间这一默契的得以实现，是在后来的"MI-SUZU 研究会"。这在当时尚属新的尝试，但到了今天，各种各样的"文化研究会"层出不穷，已经成了商业化的企业，以与原来我们所抱持的根本精神完全不同的方式出现在日本社会的方方面面。这当然与我们并无关系，对此也无需介意，但包括这段历史在内，小尾氏对我其实有着用语言无法言尽的恩义之情。另外，他对绘画艺术有着丰富的感受力和广博的知识，还通晓精神医学，从他那里我获得甚多教益。能够得以拜见已故的精神医学领域最受尊敬的硕学井村恒郎氏，也是承蒙小尾氏的好意。对于所有这些，我想呈上我衷心的谢意。

上面分别按照收入本书的文章的先后次序，对这些文章初次发表时负责的各位同仁分别致以谢意。而我想在最后致谢的，将要打破本书文章构成的顺序，那就是平凡社的龙泽武氏。本文中的《史剧》一文以及发表在《月刊百科》上的其他文章，都是由龙泽氏负责的。而且，就连这本书本身也是经过龙泽氏之手才成为今天这个样子。就论文的安排顺序，我们曾多次相商，历经多次调整以后，最后的决定是由龙泽氏帮我作出的。当然是我委托他帮我作这一决定的。之所以这样做，是因为将我这些拙文最为认真地阅读的正是龙泽氏（需要补充的是，平凡社的小林祥一郎氏、山本幸司氏以及小尾氏和 MISUZU 书房的加藤敬事氏、伊藤修氏也都拨冗阅读了笔者的拙文）。

这十二年间，除了最后的两年之外，对于我而言都是比较艰难的时期。而在这段时期中，龙泽氏对于我而言始终是——借用略显陈旧的用语来说的话——年少气锐的、富于感受性而且又是无比稳重的"同志"和"亲友"。在几乎所有的事情上，他都与我共同承担，这样说也并不为过。我们有好几次共同举办研究会，甚至在很多时候连人际关系都是共同面对。在读书的偏好、艺术的经验方面，我们也都相互交换看法。在这种交换当中，我从他那里学到了很多东西。尽管如此，我曾对他作过的出书的承诺，在历经十年之后方才只有这一本践诺的成果问世，对此，我对他那充满友情的宽容感谢不尽。但也正因为如此，我也一反往常，至少是对于收入本书的文章，都作了百般的推敲。当然论旨的核心并未作丝毫的改动，但在表达不清的部分和思考展开不顺畅的地方作了补充，删除了那些无心形成的冗赘的表述。我是一向粗枝大叶的，但在这本书上却是认真地花了功夫。在以前——从某种意义上来说现在依然如此——我对于出书这件事一直都是抱着"怎么都行"的想法，所以在以前的时候，基本上当要收录的论文一旦确定下来，我就像要把它丢掉一样地结集出版。但这次的情形却是不同。在今天，过剩的多产已经成为当今时代的特质，虽然自己并未如此奋力产出，但既然要出书，那就必须要考虑，当各类"断片"以某种方式被加工成型并且排列在一起的时候，到底能找到什么样的"一贯的形态"，能够取代历来延续下来的、以大团圆作结局的传统形态的"故事（story）"，以一种崭新形态的、主题分明的"形式"出现。我认为，这种尝试自身甚至必须成为现代精神的主题。这种情况下的"构成单位"为什么必须是"断片"的形式，对此在本书当中已经做了阐述。收入本书的有两篇"未完"的论文，尽管写得不好，但正是由于其是加工成型的"断片"，才特意将其收入本书当中。尽管事实上依然有多处仍需加笔补正，但时间的限制也是表示力量不足的重要指标，所以还是决定就此打上终止符。由于我的沉于推敲，结果又给负责印刷和校对的不相识的仁友增添了麻烦，在此从心底表示歉意（尤其是负责校对的仁友，其工作中的细心、理解以及校对工作的细致周到，都使我倍感歉意，同时也深感敬意与感谢）。尽管这也许是我办不到的事，但我还是拿出我在此书中为所尝试的蒙太奇付出的"浑身之力"，为龙泽氏长年的友情和宽容进行回报。希望他能谅解。

以上所致谢的是与此书有直接关系的各位友人，但在从1970年开始的这十年里给予我支持的友人还有很多。除了前面提到过的小尾氏、小林祥一郎和谷川公彦氏、山本幸司氏之外，未来社的松本昌次氏及其他各位、创树社的玉井五一氏等各位同仁，也曾给予我许多帮助，在此一并表示感谢。此外，千叶大学、北海道大学、名古屋大学以及外国大学的各位国内外的友人，为我在这些大学创造了集中讲学的机会，使我能借此以资生计，我会一直铭记在心。但在这之外，还有两三位需要特别致谢的前辈与友人，他们曾给我特别的厚意与教示，但对这几位，我不拟在此处提起他们的名字。他们对于我的帮助超过了与此书的关系而更为广泛，对于这几位，我将在以后另寻别的机会和形式专门予以感谢。在此，我还想做一汇报，那就是在十二年前我辞去教师职务时，那一年参加了我的研究会的学生诸君在之后的十年间依然继续参加我的研究会，他们的年龄已近三十五六，各自做着自己的工作，至今也依然未曾放弃过当年的努力。他们各自的努力，将使他们的理解力与批评力在广泛的领域里日臻成熟。1970年产生了这样的一批人。这些年少的友人诸君以及前述的各位共同对我形成了支撑。在此对他们再次表示衷心的感谢。

这样的关系，在包含了一些因不同时间和不同机遇而形成的内在纠葛的同时，也很明显地形成了一个小的"社会"。它与静止的固定秩序相反，是包含了多样性和相互性纠葛的充满生机的"一个真正的社会"。我将在这一"社会"中谨以此书——尽管仍显拙劣但却是尽最大努力精进的产物——献给以上各位，以示敬意。

初次发表

《某种关于"丧失"的经验——捉迷藏的精神史》，载《儿童馆》1981 年 9 月号，福音馆书店。

《历史剧的诞生——对〈保元物语〉主题的一项考察》，载《月刊百科》1976 年 5 月号，平凡社。

《对吉田松阴的精神史意义的考察——〈吉田松阴文集〉书目的编纂理由》，以《书目撰定理由——对吉田松阴的精神史意义的考察》为题收入日本思想大系《吉田松阴》，岩波书店 1978 年 11 月版。

《历史变质的时代》，载《月刊百科》1978 年 6 月号、8 月号，平凡社。

《关于市村弘正〈都市的外缘〉》，载《Editor》1979 年 2 月号，日本 Editor School 出版部。

《"昭和"是什么——关于年号的批判》，原题《"昭和"是什么——关于元年的批判》，载《朝日 Journal》1975 年 1 月 10 日号，朝日新闻社。

《战后议论的前提——关于经验》，载《思想的科学·第七次创刊号》1981 年 4 月号，思想的科学研究会。

《批判性理性的叙事诗——阿多诺〈最低限度的道德〉》，载《月刊 Editor·书与批评》1979 年 8 月号，日本 Editor School 出版部。

《新品文化——崭新光鲜的所与性》，载《MISUZU》1981 年 2 月号，MISUZU 书房。

附一：《东亚人文 100 丛书》总目

中国内地（26 种）

CH—14 《佛教与中国传统文化》　　　　　苏渊雷 著
CH—15 《简明中国历史地图集》　　　　　谭其骧 主编
CH—16 《近代中国社会的新陈代谢》　　　陈旭麓 著
CH—17 《走出疑古时代》　　　　　　　　李学勤 著
CH—18 《村落视野中的文化与权力：闽台三村五论》

　　　　　　　　　　　　　　　　　　王铭铭 著
CH—19 《明清之际士大夫研究》　　　　　赵　园 著
CH—20 《寒柳堂集》　　　　　　　　　　陈寅恪 著
CH—21 《现代中国思想的兴起》　　　　　汪　晖 著
CH—22 《礼仪中的美术》　　　　　　　　巫　鸿 著
CH—23 《兵以诈立：我读〈孙子〉》　　　李　零 著
CH—24 《中国文学史新著》　　章培恒　骆玉明 主编
CH—25 《中国政治经济史论（1949～1976）》　胡鞍钢 著
CH—26 《东亚儒学九论》　　　　　　　　陈　来 著

中国台湾（16 种）

TW—01 《中国历代政治得失》　　　　　　钱　穆 著
TW—02 《政道与治道》　　　　　　　　　牟宗三 著
TW—03 《中国文化的展望》　　　　　　　殷海光 著
TW—04 《中国艺术精神》　　　　　　　　徐复观 著
TW—05 《日据下台湾政治社会运动史》　　叶荣钟 著
TW—06 《中国人的性格：科际综合性的讨论》

　　　　　　　　　　　　　李亦园　杨国枢 主编
TW—07 《说中华民族之花果飘零》　　　　唐君毅 著
TW—08 《历史与思想》　　　　　　　　　余英时 著

TW—09　《中国哲学之精神及其发展》　　　　　方东美　著

TW—10　《中国青铜时代》　　　　　　　　　张光直　著

TW—11　《思想与人物》　　　　　　　　　　林毓生　著

TW—12　《万历十五年》　　　　　　　　　　黄仁宇　著

TW—13　《幽暗意识与民主传统》　　　　　　张　灏　著

TW—14　《人性与自我修养》　　　　　　　　杜维明　著

TW—15　《台湾历史图说》　　　　　　　　　周婉窈　著

TW—16　《跨世纪风华：当代小说 20 家》　　王德威　著

中国香港（6 种）

HK—01　《自由与人权》　　　　　　　　　　张佛泉　著

HK—02　《香港与中西文化之交流》　　　　　罗香林　著

HK—03　《黄土与中国农业的起源》　　　　　何炳棣　著

HK—04　《中国现代小说史》　　　　　　　　夏志清　著

HK—05　《中国古代服饰研究》　　　　　　　沈从文　著

HK—06　《中国文明起源新探》　　　　　　　苏秉琦　著

日本（26 种）

JP—01　《南北朝的动乱》　　　　　　　　　佐藤进一　著

JP—02　《讲义录》　　　　　　　　　　　　丸山真男　著

JP—03　《共同幻想论》　　　　　　　　　　吉本隆明　著

JP—04　《苦海净土——我们的水俣病》　　　石牟礼道子　著

JP—05　《日本的古代国家》　　　　　　　　石母田正　著

JP—06　《城市政策之思考》　　　　　　　　松下圭一　著

韩国 (26种)

KR—01　《白凡逸志》　　　　　　　　　　　　　　　　金　九　著

KR—02　《从"含义"的视角看韩国历史》　　　　　咸锡宪　著

KR—03　《韩国科学史》　　　　　　　　　　　　　　全相运　著

KR—04　《韩国医学史》　　　　　　　　　　　　　　金斗锺　著

KR—05　《韩国史新论》　　　　　　　　　　　　　　李基白　著

KR—06　《韩国美术的历史》　　　　　　金元龙　安辉濬　著

KR—07　《韩国近代文艺批评史研究》　　　　　　　金允植　著

KR—08　《韩国音乐史》　　　　　　　　　　　　　　张师勋　著

KR—09　《韩国人的神话
　　　　——那对面，那里面，那深渊》　　　　　金烈圭　著

KR—10　《韩国数学史——通过数学之窗
　　　　看韩国人的思想与文化》　　　　金容云　金容局　著

KR—11　《韩国文学通史》　　　　　　　　　　　　　赵东一　著

KR—12　《知讷的禅思想》　　　　　　　　　　　　　吉熙星　著

KR—13　《韩国社会史研究：
　　　　农业技术的发达与社会变动》　　　　　　李泰镇　著

KR—14　《韩国儒学思想论》　　　　　　　　　　　　尹丝淳　著

KR—15　《韩国的劳动运动与国家》　　　　　　　　崔章集　著

KR—16　《加利利的耶稣：耶稣的民众运动》　　　安炳茂　著

KR—17　《韩国战争的爆发与起源》　　　　　　　　朴明林　著

KR—18　《风流道与韩国的宗教思想》　　　　　　　柳东植　著

KR—19　《动摇的分断体制》　　　　　　　　　　　　白乐晴　著

KR—20　《解读古画的乐趣》　　　　　　　　　　　　吴柱锡　著

附二:《东亚人文100丛书》
100种图书的选定过程

"东亚出版人会议"是一个民间的非盈利性质的会议,它以促进东亚地区的书籍交流为目的,由来自中国大陆、香港、台湾以及韩国、日本的出版人组织而成。2005年秋于东京举办了首次会议之后,东亚出版人会议于此后的六年间轮流在各个国家或地区每半年举行一次会议。会议自始即力图避免当下许多"文化交流"中常见的一时性问题,而是以对各国家或地区人文书籍的出版现状以及对与之密切相关的人文学科、人文知识领域诸问题进行持续坦率的批评与自我批评为目的。与会成员认为只有这样才能了解相互的书籍出版,包括对各自图书出版历史情况的了解,也唯其如此才能摸索到重新开展东亚"书籍交流"活动的理想方式。

在书籍的产生与传播方面,前近代时期的东亚拥有远比西欧更为悠久的历史,也保持着更为长久的书籍共享的关系。这种对书籍的长期共享与交流不仅在东亚各地区催生了丰富多彩的书籍文化，也成为开拓具有各自特色的知识深化之路的巨大原动力。东亚出版人会议将曾存在于东亚地区的书籍共享与交流的关系称为"东亚读书共同体"，并致力于在现代再次促成这一关系的建立。在多次召开会议的过程中，各地的出版人提出了挑选"东亚地区 100 种值得分享的人文书籍"并促进相互翻译出版的课题。而这套丛书的书目选择，正体现了东亚出版人对希望其他国家或地区的读书人相互阅读什么书、什么样的书值得介绍给其他国家或地区等问题的认真考虑。

那么这套丛书的整体选定"标准"是什么呢？首先是这 100 种书如何在各国家或地区"分配"，以及时期划分即从哪个时代开始选择的问题。在不远的过去，东亚各国家或地区人文书籍的出版经历了一段艰辛的历程。中国内地曾深受"文化大革命"的动荡之苦，台湾地区也曾长期处于戒严令之下；韩国经历了长期严酷的军事独裁和民主化斗争的时代。在那莫说人文书籍的出版，就连维持人文学科生存的土壤尚且不保的年代，许多优秀的作者和出版人为保存和培养这一土壤历尽辛苦。另一方面，日本在从高度经济成长到泡沫经济破灭的过程中，由于市场主义和效率主义大行其道，不仅是人文书籍的出版，连人文学科自身都受到了长期的侵蚀。根据上述东亚各国家或地区晚近的历史情况，东亚出版人会议最终确定了 100 种书的分配方案：中国大陆、日本、韩国各选 26 册，中国台湾和香港地区则共选出 22 册。选书的时期设定以过去 60 年间为主，必要时也会追溯至更早时期。

在 2008 年 3 月下旬于日本京都召开的第六次会议上，与会成员就选书标准进行了热烈讨论，并确定了以下6项基本原则。

（1）从各地的出版物中遴选出在东亚地区值得共享的书籍。选择那些对各自地区的历史、文化、社会、艺术、思想等相关问题做出深刻思考并指明普遍性课题之所在的书籍。严格甄别出那些不是一时性，而是具有长期的、持续的影响力，真正称得上"现代经典"的书籍。

（2）选书的目的主要是向其他地区的读书人推荐本国、本地区人文领域的精品书籍，同时让各自国家或地区的年轻读者也能继续阅读并继承这些精神遗产。

（3）选书的时限以过去60年为主，但考虑到各国家或地区的现代史及出版史的不同情况，具体则由各国家或地区自主裁定。整体上来说，仍以能体现各国家或地区人文书籍发展的大致脉络和发展方向为方针。

（4）不把所谓的"古典"列入选书计划。当然，根据上述条件，研究和解释古典的书籍当在备选之列。不仅是对本国古典的研究阐释，各国对东亚共同的古典或西欧古典的研究和解释仍是人文学科持续的课题，也与各地区的现代知识课题深深相关。

（5）由于收入的是广义上的人文书籍，原则上本套丛书不做学科领域的限定。但某些特定的文学、艺术领域（诗歌、小说、戏曲）的作品暂不列入本次的选书计划。这并不是说这些领域的作品没有回应知识界的课题，而是因为某种程度上也要考虑相互翻译的现实状况与可能性。本次选书将重点放在翻译业绩显著不足的东亚人文书籍上，但那些以深厚人文精神做支撑的批评性文章当然也在入选之列。

　　（6）由各国家或地区推荐的是否是大部头的图书，本会议原则上
不予过问。但在翻译出版的可能性上会加以慎重考虑。由于理想的现
代人文书籍应以较高的"专业学术性"为前提，也为了提高相互翻译
出版的质量，本丛书选择专业学术价值较高的人文书籍并积极推动相
互翻译。

　　基于以上原则，东亚出版人会议在各国家或地区经过多种方式的
筛选之后，在 2009 年 1 月于日本东京、4 月于中国丽江的会议上进
行了认真讨论，最终于 2009 年 10 月在韩国全州举行的第九次会议上
确定了《东亚人文 100 丛书》100 种入选图书的书目。

　　我们衷心期待通过这 100 种人文书籍的相互翻译出版，能为东亚
的读书人带来阅读的愉悦，并受到读者欢迎，也期待通过共同领略这
些书籍中体现的东亚人文知识和人文精神的博大精深，使这套丛书成
为理想的文化交流的一个契机。

东亚出版人会议全体成员

2010 年 8 月